JN024251

…資さ
…とつくる

…川祐基
（株）日本教育政策研究所 代表取締役

CCCメディアハウス

賢さをつくる

頭はよくなる。よくなりたければ。

9歳の誕生日に、クリスチャン・ラッセンのジグソーパズルを買ってもらった。

小学生の男の子としては、少し珍しい趣味だったかもしれない。

彼の絵を、それほど気に入ったわけでもなかった。確かにイルカやサンゴ礁の絵は美しかったし、後に自分がマリンスポーツをはじめて、彼の移住先であるハワイのマウイ島に通うことになったのには縁を感じるが。

考えてみれば生産性のない遊びである。きれいな絵を細かく何百ピースにもカットし、それをもういちど組み立て直すだけだ。苦労の末完成しても、もとの絵より美しくなることはない。

それでも、組み上げる過程が楽しかった。

はじまりは、山になったピースと何もない空白だけである。そのうち赤いピースが組み合わさり、イソギンチャクの一部になる。最初は太陽の一部だと思っていた白いピースは、実はイルカの背中だと判明した。

そのイルカとイソギンチャクは別々の場所で成長して

いたが、ついに連結されるときが来る。しかし、それらをつなぐピースは、意外にも青い海でなく黄色のチョウチョウウオだった。

こうして、雑多なピースの山は、美しく壮大な海の世界を描き出していく。その過程が楽しかった。

「それが、思考というやつだよ」

いまの私なら、当時の私にそう声をかけてあげるだろう。そして、次のように付け足す。

「だけど、それで半分だ」

はじめに ―― 頭はよくなる。よくなりたければ。

「頭のよさ」「思考」「考える」とはいったい何を指すのだろう？
トレーニングで「頭をよくする」ことは可能なのだろうか？

私がこれらの問いを追求しだしたのは、教育事業を仕事の中心に据えてからだ。

実際に教育の仕事をはじめると、ほとんどの教育プログラムには、とある前提が含まれていることに気づく。それは「受講者（生徒）は全員同じ理解力を持ち、同じことを教えれば同じように成果が出る」という前提だ。ところが現実は違う。受講者の理解力や吸収力は千差万別である。1を聞いただけで10を知ることができ、先生すらを置いてきぼりにして学習を進めていける生徒が存在する。一方で、何回説明しても教えたいことを理解せず、10教えても1も身につかない生徒も存在する。前者と後者では、何かしら考え方や情報処理の仕方に違いがあるのだ。

これが現実である。が、現実だからといって、「お宅のお子さんは理解力がないですね」とか「あなたは頭が悪いね」などと言えるわけがない。結局、「全員同じ理解力を持っている」という建前を守ることになる。そして成果が出ないのは思考方法が原因なのではなく、「努力が足りない」「やる気がない」という精神論にされてしまう。

教育というと子ども向けの学校教育が連想されやすいが、社会に出た大人でも状況は同じである。

同じ講座を受けても、同じビジネス書を読んでも、すぐに活用して成果を出す人もいれば、何も成長につなげられない人もいる。ここでも、前者と後者では何かしら考え方や情報処理の仕方に違いがあるはずだ。

ところが、「人それぞれ、頭のよさが違う」などと言えば、「差別主義者だ！」「学歴主義者だ！」と大ブーイングを受けることになる。

私は、このブーイングこそ差別的であり、世の中にとって不幸なことだと思う。なぜなら彼らは、「頭のよさとは生まれつき決まっているもので、変えることができない」という先入観に捕らわれているからだ。

しかし、私は学校に通う子どもたちを指導するなかで、あるいは企業のコンサルティングをするなかで、いわゆる「頭がいい人」「頭が悪い人」を分析してきた結果、次のように断言する。

「頭のよさ」とは考え方や思考方法の差に過ぎず、いつでも好きなときに自分で変えることができる。

もちろん、思考方法は個性でもある。変える必要がなければ変えなくてもよい。足の速さは人それぞれ違い、速い人もいれば遅い人もいる。困っていなければそのままでいい。ただ、もし足が速くなりたいのならば、速く走れる走り方を習い、練習すればいい。同じように、〝頭がよくなりたいのであれば〟その方法を習い、練習すればいいのである。人を非難したり自分を蔑んだりする必要は何もない。

望むなら、誰でも、いつでも、頭はよくなる。

注意してもらいたいのは、ここでいう「練習」とは、日常と離れた脳トレや頭の体操のことではない。また、幼児教育のように期間が限定されたものでもない。どんな人にもできる、日常生活での思考を少し変えるだけの練習である。

まずは、

「頭のよさ」とは何か？
思考とは何か？

ということを、みなさんと一緒に解き明かしていこうと思う。この「頭のよさ」のメカニズムを解明し定義することで、「誰でも短期間で頭がよくなる思考法」が浮かび上がってくる。

目次

第2章 《右》の世界と、《左》の世界。

第3章 「頭のよさ」を決める、3つの動き。

第4章 「具体化」と「抽象化」で、自在に働く。

第5章　いますぐできる、頭をよくする思考方法。

第1章

「頭がよい」とは、どういうことか？

インプット力、アウトプット力。

・「頭のよい」子どもと「頭のよい」大人

「頭がいい人って、どういう人のことでしょう？」

小学生を相手にこの質問をすると、おおむね次のような答えが返ってくる。

「いろいろたくさんのことを知っている人！」

「テストの点数が高い人！」

なるほど。素直な答えだ。だが、この本を読んでいるあなたにとっては、もしかして違和感がある答えかもしれない。知識量やペーパーテストで頭のよさを測ることはナンセンスだと考える人は多いだろう。

では年齢を上げて、高校生や大学生に同じ質問をするとどうだろうか？「こいつは頭がいいなと、どんなときに感じる？」と聞くとこんどは次のような答えだ。

「あいつは頭の回転が速くて、すぐに気の利いた返事が返ってくるんだ」

「言うことが論理的だから、いつも言い負かされちゃって反論できない」

少しニュアンスや視点が変わってきたのにお気づきだろうか？
比較しやすくするために、学校の先生にも聞いてみよう。小学校の先生に「どんな子が頭がいいと感じますか？」と聞いてみると次のような答えだ。

「頭がいいと感じる子は、やっぱり飲み込みが早い子ですね。少し説明しただけですぐに全体を理解してくれるんです」

続いて高校の先生にも同じ質問をしよう。「どんな子が頭がいいと感じますか？」

「頭のいい子って、ちゃんと自分の頭で考えるんです。言われたことを鵜呑みにせず批判的に物事を捉えます」

先生に聞いても、小学校と高校の先生とでは少し言うことが違ってくるのだ。
最後に、働いている社会人にも聞いてみよう。「あなたの周りの頭のよい人って、どのような人でしょうか？」という質問をしてみる。

「発想が豊かで、他の人が思いつかないアイデアを出してくる人ですかね」
「あの人はとても説明が上手で、難しいこともわかりやすくしてくれるんです」
「私が頭がよいと思うのは、効率的で無駄がない動きができる人ですね」

さてここまでいろんな人に「頭のよさ」の定義を聞いてみたわけだが、お気づきの点はあっただろうか？　一見、バラバラである。「頭のよさ」を定義してもらうと、みんなが違うことを言う。だから、頭のよさは測れない、人それぞれと言われがちで、頭をよくするための方法もわからないように感じられる。

しかし、人それぞれに見える頭のよさの定義も、注意深く観察すると、とある明確な傾向があることに気づく。それは、**学校ではインプット力が重視され、社会に出るとアウトプット力が重視されていく**という傾向である。

学校でも、年次が低いほどインプット力が重視される。小学校や中学校で重視されるのは、「知識量がある」「理解力が高い」「飲み込みが早い」というインプットする能力から見た頭のよさだ。一方で、大人になって社会で求められるのは

「発想が豊か」「説明がうまい」「行動が効率的」「判断が的確」といったアウトプットする能力のほうだ。高校や大学での頭のよさとは「自分の頭で考える」「頭の回転が速い」「論理的」「応用力がある」といった、インプットとアウトプットの中間に位置する能力を指すことが多い。

社会で最終的に求められるのは、アウトプットする力である。すごく売上を上げてくるとか、青色LEDを発明してノーベル賞を受賞するといった成果が評価される。**学校と社会では、求められる頭のよさの「方向」が違うのだ。**

頭の働きに2つの「方向」があることは、見落とされがちだが重要だ。新幹線が便利で世の中に貢献している理由は、もちろん移動速度が速いからである。が、上りと下りの2方向で走っているという前提を見落としてはならない。東海道新幹線が大阪から東京への一方通行だったら、どんなに速くても非常に使いにくく、役に立たない乗り物になっていただろう。新幹線は、往復できるから価値がある。

同じように、頭の働きは2つの方向がセットで価値を生み出していくのだ。

「頭のよさ」とは?

小学校　中学校　高校　大学　社会人

→

インプット重視　アウトプット重視

・テストの点数が高い
(理解力が高い)
・飲み込みが早い
(1を聞いて10を知る)
・知識量がある
(知識を体系的に整理)

・自分の頭で考える
・頭の回転が速い
・論理的
・応用力がある

・発想が豊か
・説明がうまい
・行動が効率的
・判断が的確

・すごく売上を上げる
・青色LEDを発明する
etc.

使えない数学の公式をなぜ学ぶのか。

・アウトプットとインプットの関係

「学校で勉強したことは社会で役に立たない」とはよく言われることである。中学校で二次方程式の解の公式を必死に覚えても、仕事で使う人はどれほどいるのだろうか？『枕草子』が読めても、営業や経理にはまったく役に立たない。

私は、名古屋市立の小中学校から愛知県立の高校に進み東大の学部を卒業した。なので、日本の公教育を一通り履修したことになる。しかし、学校で教えてもらったことはどれくらい役に立っているだろうか？　まったく役に立っていないわけではないにせよ、活用しているのはせいぜい2割ぐらいではなかろうか。たぶん、2割というのは世間では多いほうで、1～2割ぐらいが平均なのではないかと思っている。もし教えたことの1～2割しか実際には役に立たないのだとすると、学校教育とはとても非効率な教育システムのように感じられる。

しかし、**学校の勉強が社会で役に立たないのは、ある意味当たり前だ。学校で求められるのはインプット力であり、社会で求められるのはその逆方向のアウトプット力**であるからだ。ただ、「それならば最初から学校で、社会で役に立つアウトプット力を伸ばせばよいのでは？」という意見が出てくるだろう。

実際に、学校教育の中でグループディスカッションやプレゼンテーションを積極的に取り入れて、生徒のアウトプット力を伸ばそう！　という文部科学省の動きがある。だが、私はこれは的の外れた方針だと思うし、学校だけではなく、塾などの教育現場にいる先生からも同意見を聞く。

なぜなら、よいアウトプットに必要なのは、決してプレゼンテーションの技術などではないからだ。**よいアウトプットに必要なのは、よいインプットである。インプットが不十分な状態でアウトプットしようとしても、底が浅くて薄っぺらいアウトプットしかできない**のが現実だ。

たとえば、「日本国憲法について調べてレポートにしなさい」という課題があったとする。その際、ウィキペディアのコピペでレポートを提出することは可能である。著作権の問題はひとまず置いておくとして、スピードとしてはまずまずのアウトプットができる。しかし、実際に「日本国憲法」の項目をウィキペディアで調べてみよう。すると5万字ほどの記事（この本に当てはめると、100ページぐらいの量だ）だったが、量が多いわりに論旨が不明で、いろいろな学説が入り混じっていてわかりにくい。レポートの質としてはかなり悪い。やはり、「日本国憲法」についてある程度の知識と理解がないと、質の高いレポートは書けない。

質のよいアウトプットのためには、それなりのインプットが必要なのだ。**頭がよい人とは、アウトプットとインプットのバランスに長けている人**とも言える。

私も、年次が進んだ高校教育や大学教育では、もっとアウトプット重視の教育を行ったほうがよいと思う。しかし、小中学校までの教育でアウトプット力を重視するとインプット力を鍛えることが疎かになり、薄っぺらいアウトプットしかできない人材を量産することになりかねない。インプット力を伸ばすことに力を注ぐ時期は必要である。

さてここまで、「頭のよさ」をインプット力とアウトプット力で整理してきた。しかし、肝心の「インプット力」と「アウトプット力」とは、いったい何のことなのかまだ漠然としている。これらが何なのかということを、もっと深く探っていこう。

インプット力は抽象化能力、アウトプット力は具体化能力。

・「イヌ」と聞いて思い浮かべるのは？

学校で求められるインプット力とは何なのか？　社会で求められるアウトプット力とは何なのか？　いきなりだが、結論を言おう。

インプット力とは、「抽象化能力」のことである。
アウトプット力とは、「具体化能力」のことである。

こう言うと、単に言葉を変えただけで、むしろその言葉もわかりにくくなったように感じるかもしれない。特に「抽象」という言葉である。「抽象」という言葉は、「その話は抽象的でわかりにくい」「現代美術は抽象的すぎてわからない」というように、ほとんどの場面で「わからない」とセットで使われる。それほどわかりにくい。辞書にはこのように載っている。「事物や表象を、ある性質・共通性・本質に着目し、それを抽《ひ》き出して把握すること」（三省堂、大辞林）こんな表現からは、わかりやすさやおもしろみを感じることは難しいと思う。しかし、この言葉は人間の「思考」を解き明かすキーワードであり、本書のメインテーマでもある。

まずは、この「抽象」という言葉を、例を挙げて説明しよう。

情報の抽象度

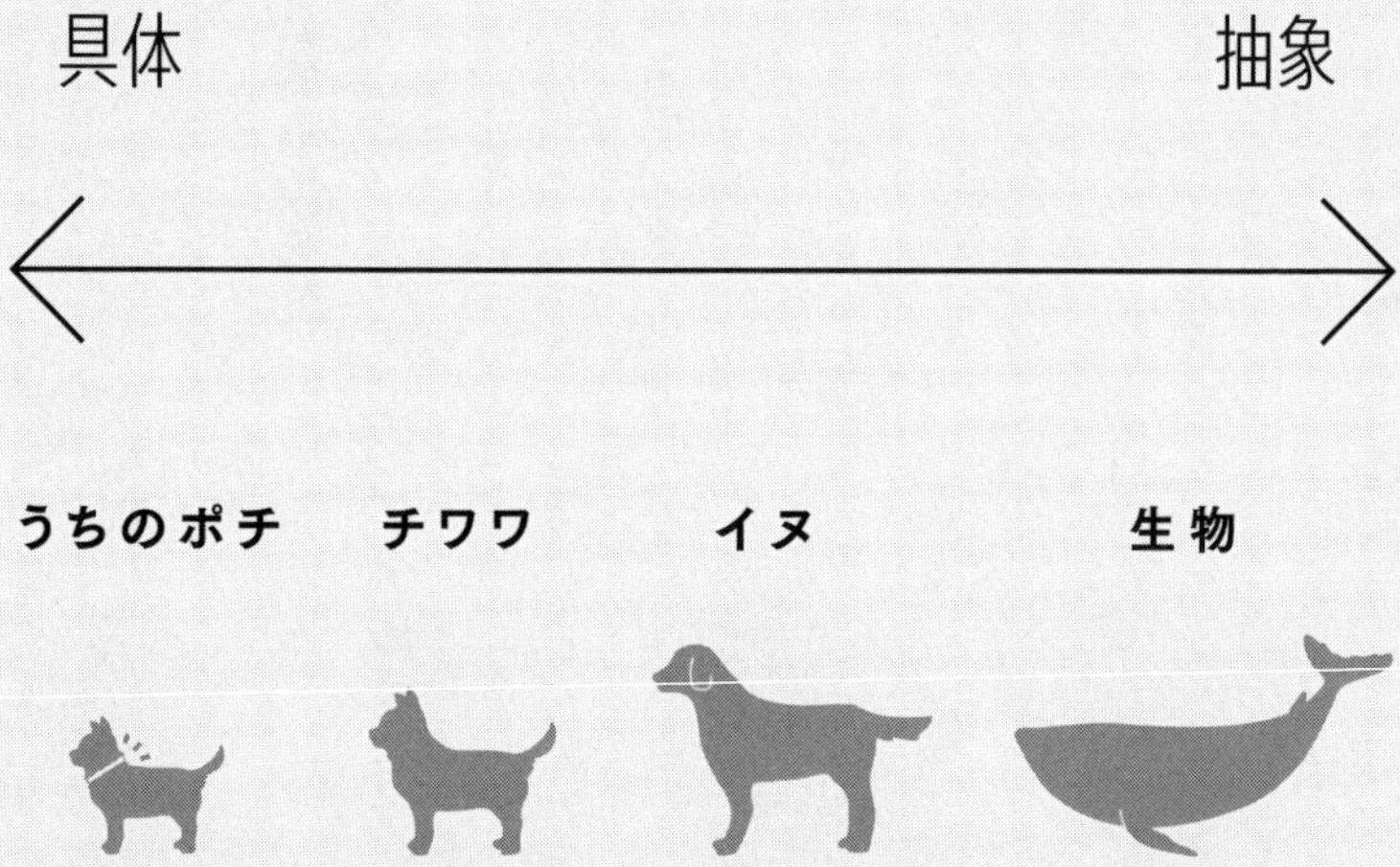

たとえば、「イヌ」という言葉がある。イヌと聞いて思い浮かべるのはどんなイヌだろうか？　イヌにはブルドッグやチワワ、トイプードル、ゴールデン・レトリバーなどいろんな種類がある。もしイヌと聞いて「チワワ」の姿を思い浮かべたなら、それは**「イヌ」から「チワワ」に具体化した**ことになる。言い方を変えると、「イヌ」から「チワワ」に**情報の抽象度を下げた**のだ。さて、チワワにもいろいろいる。もしあなたがチワワを飼っていて、その名前がポチというとする。イヌと聞いてうちのポチを思い浮かべたならば、「イヌ」を具体化した「チワワ」という情報をさらに「うちのポチ」に具体化したということになる。チワワは日本国内だけで何万匹もいるが、うちのポチはその多数のチワワの中でただ1匹である。

このようにして、「イヌ」から「うちのポチ」まで思考を至らせるプロセスが「具体化」で、その反対が「抽象化」だ。「うちのポチ」と言うとただ1匹の特定の存在を指し示すことしかできない。しかし、「チワワ」と呼んで抽象化すると、一気に何万匹もいるチワワを指し示すことができる。さらに**抽象度を上げて**「イヌ」と呼ぶと、指し示す範囲がもっと広がる。ブルドッグやゴールデン・レトリバー、その他のいろいろな犬種や雑種を含む（日本国内だけで）数百万匹のイヌを、「イヌ」というひとことで指し示したことになる。さらに抽象度を上げて「生物」と呼べば、イヌだけでなく、ネコや魚、人間など多くのものを含んでひとことで言い表すことができる。

ここで例にした「生物」のように、**ひとことで言い表せる範囲が広いほど「情報の抽象度が高い」**と言い、「うちのポチ」のように**指し示す範囲が狭くて明確なほど「情報の抽象度が低い」**と言う。そして、人間の頭脳にはこの抽象度を操作する力が備わっている。あなたが、「イヌ」から「チワワ」や「生物」を連想できることがその証拠だ。

以上が、教科書的な「抽象化」と「具体化」の説明だが、これを完ぺきに理解する必要はない。むしろ、「なんとなく」で捉えてもらったほうがよい。本書では、この「抽象化」と「具体化」の意味を教科書よりも広げて考えていきたいからだ。

しかしなぜ、この「抽象化」と「具体化」がインプット力とアウトプット力に関係しているのだろうか？

成績がいい人は、なぜ「暗記」しようとしないのか。

・インプット力の正体

教育業界の仕事をしていて、なんとしても世の中から振り払いたい誤解がある。「勉強とは暗記である」という誤解だ。確かに学校で頭がよいと言われる人は、知識が豊富で暗記が得意なように見える。しかし、**勉強が得意な彼らが行っているのは、実は暗記でなく、抽象化**なのだ。

例として、日本史を勉強して頭にインプットしようとするケースを見てみよう。

学校の授業を受けたり本を読んだりすると、いろいろな知識の断片を受け取る。「なくよ（７９４）うぐいす平安京」であったり、「いいくに（１１９２）つくろう鎌倉幕府」であったりする。これらの知識を丸暗記するとテストの点になるというのが一般的な考えだ。ところが、いわゆる頭のいい人たちは、丸暗記などしようとしない。暗記とは、効率が悪く信用ならないインプット方法だと知っているからだ。代わりに彼らは、**知識のピースを整理し、体系化し、より抽象度の高い概念にまとめていくことでインプット効率を上げていく**。

どういうことか。たとえば「平安時代」という言葉を使えば、「平安京遷都」も「藤原道長」も「源平合戦」も同時に指し示すことができる。「平安時代」は、

インプットの例：日本史

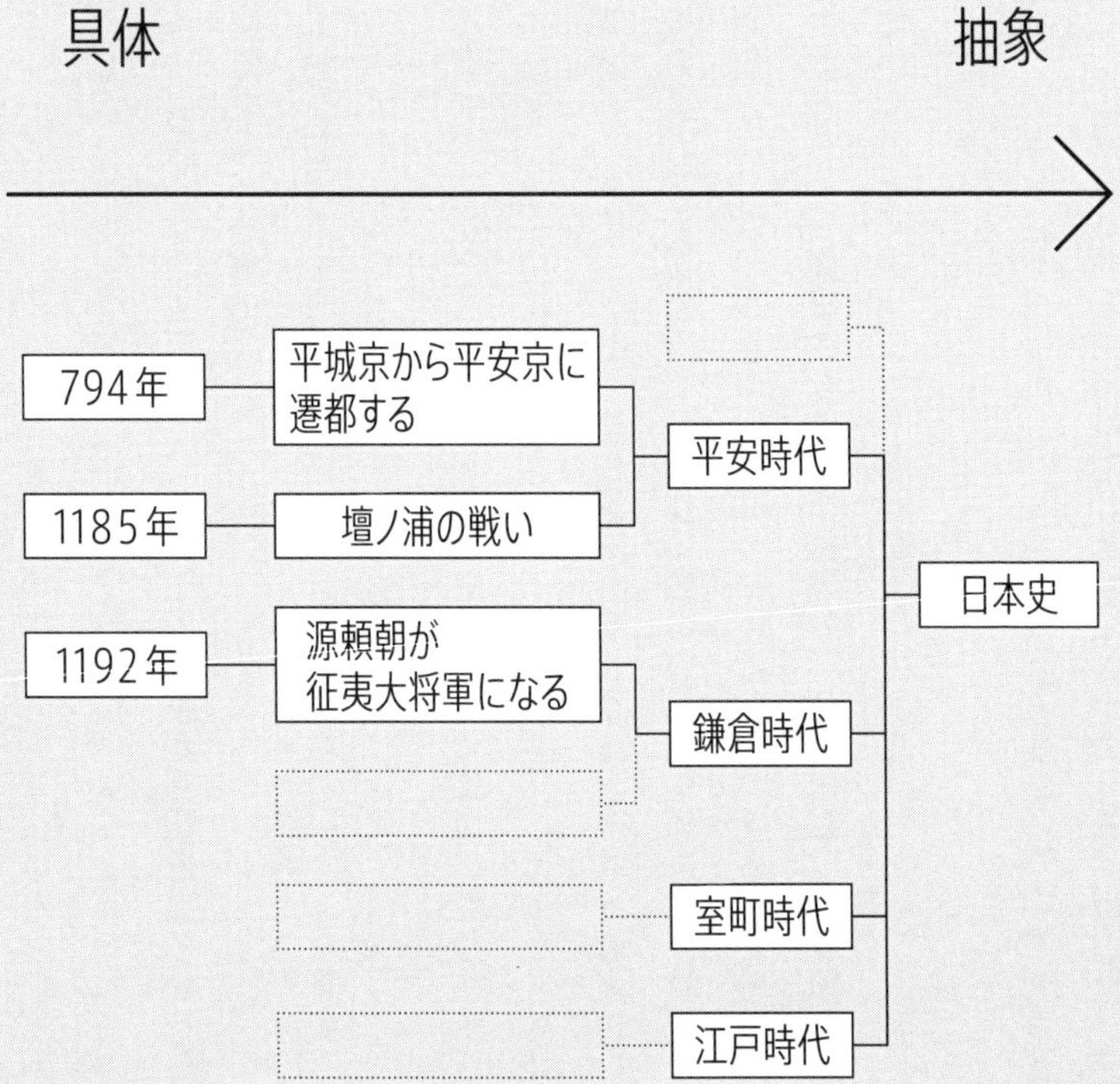
具体
抽象
794年
平城京から平安京に遷都する
1185年
壇ノ浦の戦い
1192年
源頼朝が征夷大将軍になる
平安時代
鎌倉時代
室町時代
江戸時代
日本史

かなり抽象度の高い言葉と言える。逆に言うと、「平安時代」という言葉を用意することで「平安京遷都」も「壇ノ浦の戦い」も、その一部として整理することができるのだ。1192年に源頼朝が征夷大将軍になったというできごとを抽象化すると、「鎌倉時代」という概念が生まれる。同じようにして、「奈良時代」や「江戸時代」という抽象概念も生まれるわけだが、これら「○○時代」という抽象概念を、さらに抽象度の高い概念にまとめることもできる。「日本史」だ。

このように、**具体的な知識を受け取った際、それらをそのまま丸暗記するのではなく抽象度の高い概念にまとめあげることがインプット**なのだ。

こうして、具体的なできごとと抽象的な概念がつながると、次に新しい言葉が出てきてもその置き場所がすぐにわかる。「徳川吉宗」なら江戸時代のこの場所、「日清戦争」なら明治時代のこの場所という具合だ。そして、新しい言葉が加わるとさらに抽象概念が充実して次はもっと簡単にその置き場所がわかるようになる。

ここに抽象化のすごさがある。**たくさん暗記しようとしても普通は頭がパンクしてどんどん効率が悪くなっていく。**それに対し、**たくさん抽象化するとさらに**

インプット効率が上がっていくのだ。いちど抽象化のインプットを覚えると、もう暗記のインプットには戻れないだろう。それほど、知識習得の効率には違いが出てくる。

もし歴史上の1つのできごと、たとえば「壇ノ浦の戦い」について知りたいのであれば、グーグルで検索すればかなりのことが簡単に、すぐにわかる。ところが、もっと抽象的な400年ちかい期間を指す「平安時代」をグーグルで検索しても、「平安時代」がつまり何なのか知ることは難しい。さらにその「平安時代」も一部分として含む、もっと抽象的な「日本史」を検索しても、「日本史」が何なのかさっぱり理解できないと思う。しかし、「平安時代」も「日本史」もあなたの頭の中にはちゃんと確実に存在しているのだ。

知識の暗記はインターネットで代替できるが、抽象化はインターネットで代替できない。抽象化とは、いまも昔も変わらないインプットの本質なのだ。

抽象化する作業とは、ジグソーパズルを組み立てることに似ている。

1000ピースのジグソーパズルがある。最初はその1000ピースがバラされ、ごちゃ混ぜにされた状態で箱の中に入っている。箱を開けるとピースがたくさんあることはわかる。しかし、それぞれのピースが何になるのかはわからない。目的のピースを探し出すことも難しい。雑多なピースの山は美しいとも思えない。

だが、ピースを整理し組み立てていくことで、意味やつながりが見えてくる。赤いピースはイソギンチャクだった。白いピースはイルカの背中だった。こうなってくると、目的のピースを探し出すことも簡単だ。箱の中からチョウチョウウオを見つけることは困難だったが、完成した絵から黄色いチョウチョウウオを見つけるのはやさしい。そして、全体が見えてくると、パズル全体が海の世界を描いた絵であることがわかり、その美しさも味わえる。

ジグソーパズルを組み立てている9歳の私はまだ知らなかったが、これこそが抽象化のプロセスであり、「思考」そのものだったのだ。

ただし、**抽象化とは思考の半分**でしかない。**具体化と抽象化を両方行ってこそ頭脳はその真価を発揮する。**その例をいくつかみてみよう。

クイズ王や東大生の「傾向と対策」、受験生が陥る「傾向と対策」。

・「山掛け」と勘違いされがち

私が大学に入学したとき、『全国高等学校クイズ選手権（通称、高校生クイズ）』の全国大会に出場したという3人と、それぞれ別の場所で偶然、友達になった。そこで、「高校生クイズに勝つ秘訣って、いったい何？」と聞いてみたところ、なんと3人とも同じ答えを返してきた。それが、

「傾向と対策」

という言葉である。

これはいまから20年前の話だ。しかし、最近テレビに出ているクイズ王もまったく同じことを言っている。彼らは、問題が読み上げられている途中で早押しし、視聴者がまだ問題も理解できないうちに正解してしまう。そして、周りが驚くと決まってこう言う。

「やっぱ傾向と対策でしょ」

この言葉はクイズ王だけでなく、いわゆる受験秀才的な東大生も好んで使う。「受験勉強のコツとは何ですか?」と東大生に聞くと、ほぼ間違いなく**「傾向と対策です」**と答えが返ってくるのだ。

ただし、**一般的に捉えられている「傾向と対策」と、クイズ王や東大生が言う「傾向と対策」には少しずれがある。**

受験対策の場合、一般的に言われる「傾向と対策」とは、「よく出る単元を探し出してそこを集中的に勉強する」という意味として捉えられている。いわゆる「山を掛ける」ことが「傾向と対策」と同意になりがちだが、これは大きな誤解だ。むしろ受験対策としては逆効果になる可能性が高い。なぜなら、受験では、出題者はいろいろな単元からバランスよく出題しようとするものだからだ。もしも数学のテストで3年間連続して「二次関数」が出題されたなら、次は「三角関数」にしてバランスをとろうとする可能性も高い。よく出るからと言って、二次関数ばかり勉強するのはかなり危険な作戦だ。

本当の**「傾向」とは、過去の問題を抽象化して出題の意図を探すことであり、**

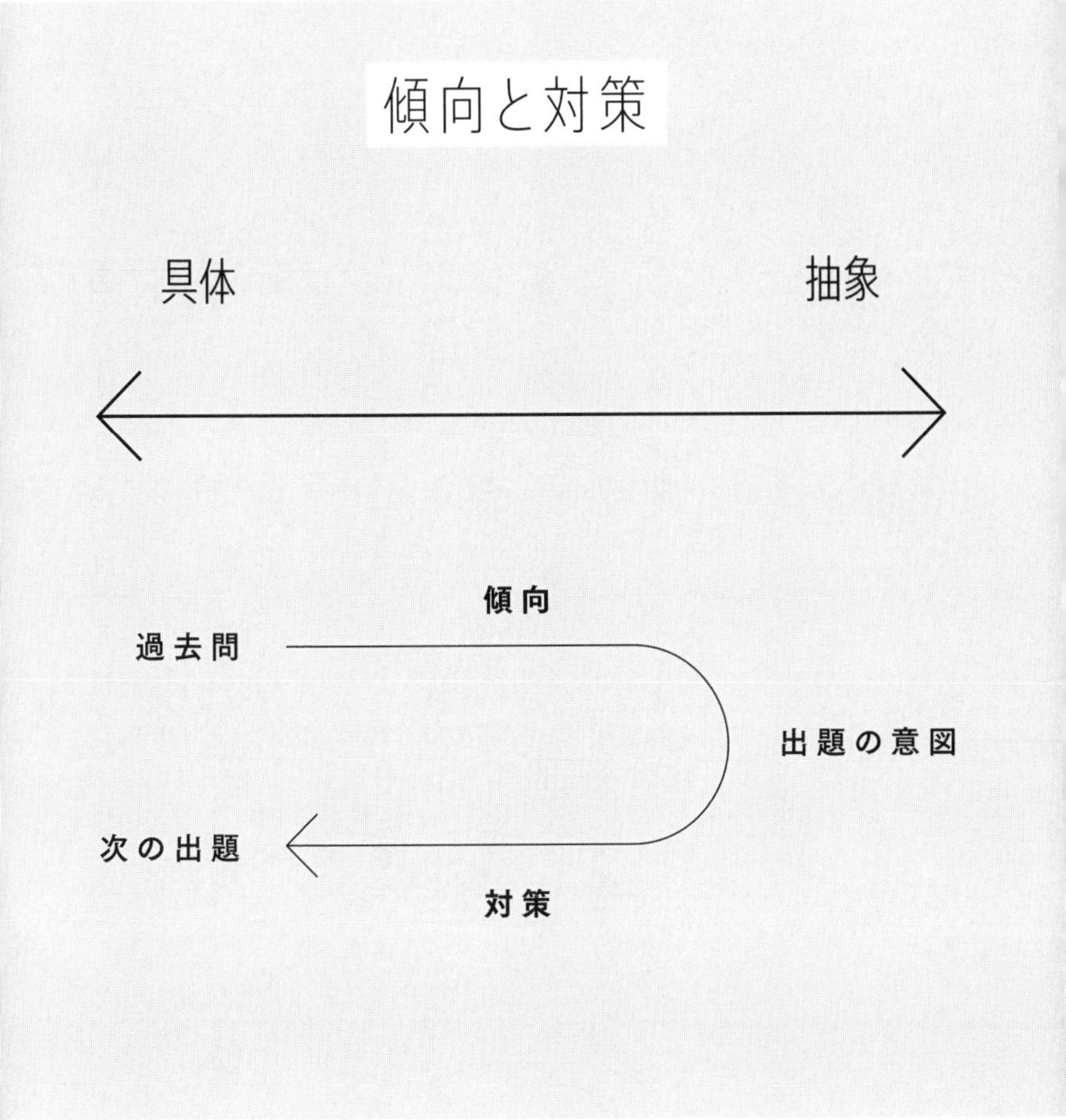
傾向と対策
具体
抽象
傾向
過去問
出題の意図
次の出題
対策

「対策」とはその意図を具体化して次の出題を予想することである。

クイズにしろ大学受験にしろ、そこには必ず出題者がいる。そして、必ず何らかの意図をもって出題している。「このようにクイズ番組を盛り上げたい」とか、「こんな学生に来てもらいたい」という希望を、問題の出題を通して実現しようとしているのだ。

去年出題された問題は今年出題されることがないという理由で、過去問を軽視する人がいる。これは抽象化を使っていない考え方だ。だからクイズに正解できず、大学にも合格できない。結果として「頭が悪い」ほうに分類される。

しかし、過去の出題を抽象化した「出題意図」は、毎年そう変わるものではない。これを具体化すれば、次の出題を予想することができ、予想できた問題を練習しておくだけで素早く正確に正解することができるのだ。

どんなアイデアマンでも、必ず実行していること。

・企画力がある人の思考法

「発想が豊かで次々アイデアが出てくる」というのは、社会で求められる頭のよさの1つである。実際に、次々と新しいアイデアでヒット商品を作り出している人や、会社というのは存在する。いったいどうやってこのようなことができるのだろうか？

いいアイデアを出せば必ずヒットを飛ばすことができるかというとそれは違うかもしれないが、**アイデアマンと呼ばれる人が必ずやっていることがある。それが抽象化と具体化だ。彼らは、カンで無造作にアイデアを出しているわけではない。**

たとえば、日本で若い女性にタピオカミルクティーがヒットしたとする。目ざとい人は自分もすぐにタピオカ屋をはじめて一儲けしようとするだろう。しかし、ブームは過ぎ去るもの。いつかタピオカが売れなくなるときはくる。そのときに、新しい商品や新しい事業のアイデアがないと食い扶持が稼げなくなってしまう。

ではどのように次のアイデアを生み出すかというと、抽象化と具体化を活用する。

ヒット商品を生み出すアイデア

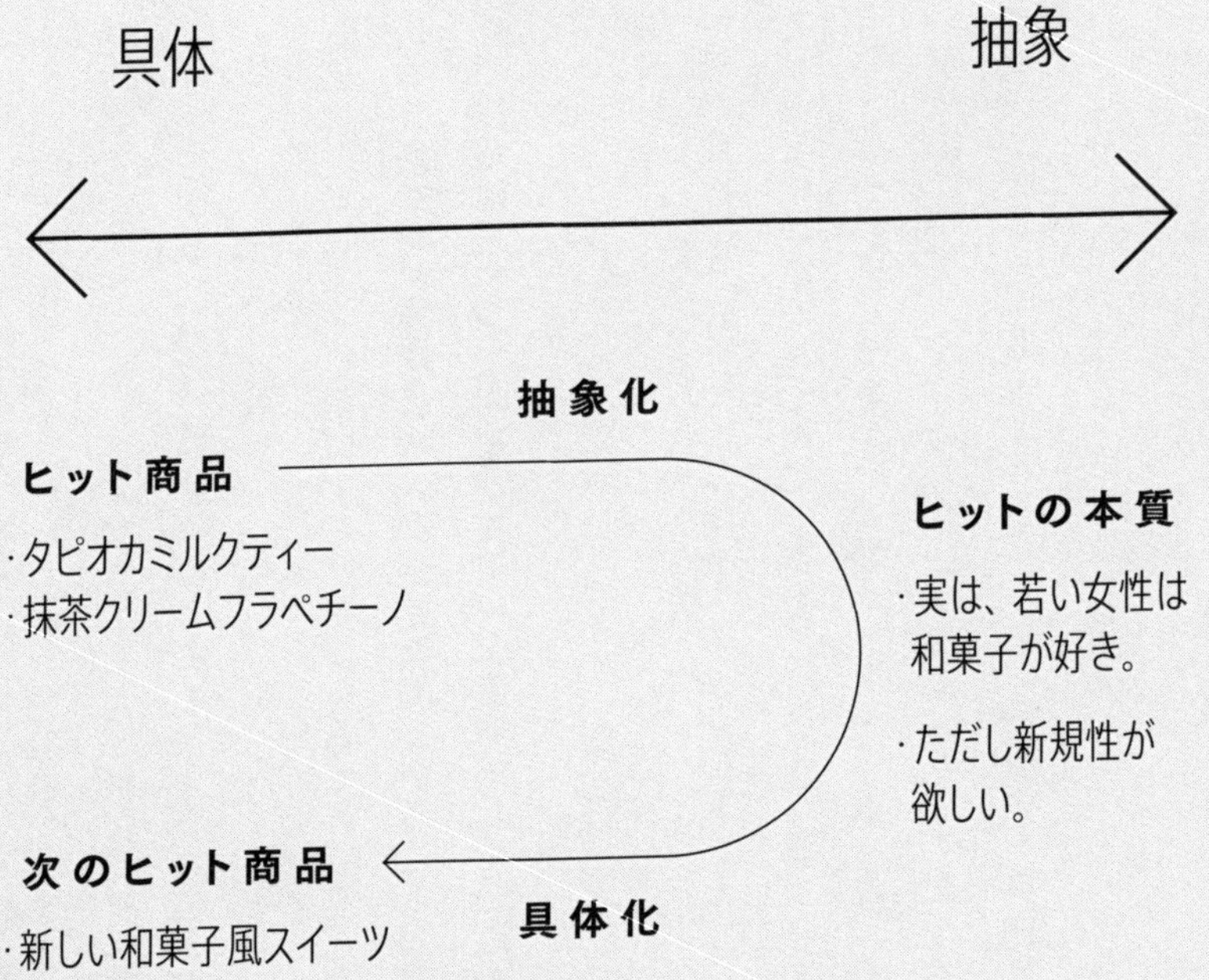

思い出してみれば、タピオカミルクティーが流行る少し前に流行ったスイーツがあった。スターバックスのフラペチーノという、氷とクリームを使ったスイーツである。日本でスターバックスの人気が爆発しだした2000年頃、私は大学生だったが、そのとき代官山店で若い女性が注文していたのは、実はコーヒーではなくてフラペチーノばかりだった。そのなかでも定番のいちばん人気と言われるのが「抹茶クリームフラペチーノ」である。意外にも、コーヒー味やストロベリー味でなく渋い抹茶味が人気なのだ。

ここまでを踏まえて、タピオカミルクティーについて考える。タピオカミルクティーの味は何かというと、基本は黒糖とお茶でできている。タピオカミルクティーと抹茶クリームフラペチーノ、この2つのヒット商品の共通点を探ると、「実は、日本の若い女性は和菓子が好き」というヒットの本質が見えてくる。この**共通点を探すことが抽象化のプロセス**である。和菓子というと年配の人が好みそうだが、この実例を見る限りそうでもないらしい。ただし、昔からある和菓子ではヒットせず、何か目新しさは必要なようである。

このように**具体的な商品を抽象化してヒットの本質を掴むと、そのヒットの本質を再び具体化することで次々と商品アイデアを生み出すことができる。**「日本の若い女性は目新しい和菓子が好き」だとすると、「目新しい和菓子」を具体化することでの新商品のアイデアをたくさん出すことができる。「きなこパンケーキ」だとか「和栗プリン」「黒蜜ドーナツ」などだ。これらを商品化しても必ずヒットするわけではないが、**抽象化と具体化を組み合わせることで、新しいアイデアには困らない**ということを理解いただけただろうか。

説明がうまい人とは、なにがうまいのか。

・「たとえ」は上級具体化テク

社会で求められる頭のよさには「話がわかりやすい」「説明が上手」という要素もある。話のわかりやすい人とは、単に話の筋道がはっきりしている人や理路整然としている人のことを意味しない。**説明が上手な人は、抽象的なことを具体的に説明する「たとえ」や「比喩」が上手**なのだ。

学習塾を経営している友人は、小学生に酸性とアルカリ性で色が変わる「リトマス試験紙」について教えるとき、どう説明しているか教えてくれた。多くの小学生は「アルカリ性とは、水素イオン指数が7より大きくて〜」などと説明してもさっぱり理解してくれない。そこで次のように言っているそうだ。

「カブトムシにはオスとメスがいて、ツノがついているほうがオスで、ついていないほうがメスとすぐにわかるよね。水溶液にも酸性とアルカリ性という2つの性質があるわけだけど、水溶液にはツノがついていないので、見分けるためにリトマス試験紙を使うんだ」

こう説明すると、小学生もすぐに理解してくれる。**「カブトムシのツノ」とい**

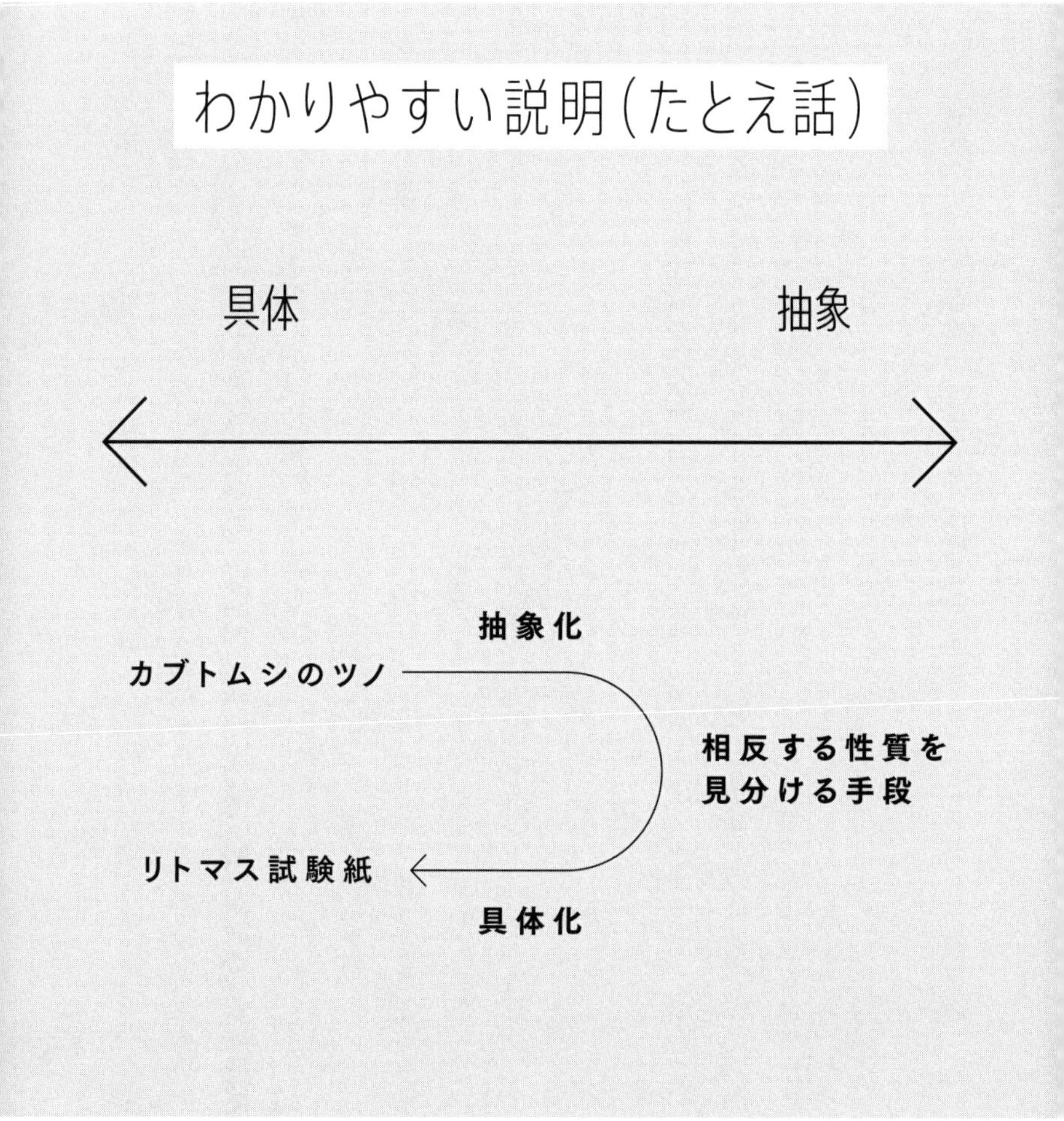
わかりやすい説明(たとえ話)
具体
抽象
抽象化
カブトムシのツノ
相反する性質を
見分ける手段
リトマス試験紙
具体化

う具体的なものを知っているから、酸性とアルカリ性という抽象的な概念も理解できるようになるのだ。相手が知っている具体的なたとえを使うことで、抽象的なこともわかりやすく説明できる。

日本人は中学校に入学してから大学卒業まで（いまや小学校から！）10年以上も英語を勉強しているわりには、まともに英語が話せない人がとても多い。その理由は、「日本人がシャイ」だとか、「日本語と英語の文法が違いすぎる」というものではない。単純に「話す練習をしていないから」だ。そのことも、次のようにピアノのたとえ話で説明するとみんなに納得してもらえる。

「私はピアノを弾けないのですが、ピアノを弾けない人が弾けるようになるためにはどのようにアドバイスしますか？　ピアノのCDを何時間も聴いたり、譜面を読めるようにしたり、和音について勉強するのがよいでしょうか？　そうではなくて、ピアノが弾けないのはピアノを弾いていないからですよね。ピアノを弾く練習をするのがいちばん大事だとアドバイスしますよね。

ところが英語に関しては、CDを何時間も聴いていると英語をしゃべれるようになるとみなさん信じているのです」

頭がいい人は、往復運動神経がいい人。

・「思考」の新・定義

私が「人それぞれ、頭のよさが違うんです」と言うと、まるで人種差別でもしているかのように、批判を受ける。しかし、よく考えてほしい。批判する人たちのほうこそ、「頭のよさは生まれつきであり、変えることができない」と決めてかかっているのではないだろうか。そちらのほうが差別的な考え方だと思うのだが、議論が混乱する理由もわかる。「頭のよさ」についての定義がないからだ。

いままで多くの心理学者や脳科学者、そして教育学者が「頭のよさ」や「思考」を定義しようとしてきたが、うまくいっていない。たとえば、『デジタル大辞泉』で「思考」を引くとこう書いてある。「感覚や表象の内容を概念化し、判断し、推理する知性の働き」。これではむしろわかりにくい。そこで、私は「思考」をシンプルにこう定義したい。

思考とは、具体化と抽象化の往復運動である。

頭がよい人とは、具体化と抽象化の往復運動が得意な人のことである。

本書をここまで読んできたあなたなら、この定義にある程度納得してもらえるのではないかと思う。学校で頭がよいと言われる人は基本的にインプットが得意であり、それは抽象化が得意ということであった。社会で頭がよいと言われるためには、さらにアウトプット能力が必要で、アウトプットするためには具体化が必要だ。

それでも、「人間の思考をすべて具体化と抽象化で片付けてしまうのは、ちょっと乱暴すぎる」と感じるかもしれない。確かに、人間の思考の中には「具体化」や「抽象化」に当てはまらないことはまだありそうである。この定義では人間の思考の一部分しか表現できていないのではないだろうか？

しかし、この疑問への私の答えは、はっきりと「否」である。「思考」の定義はこれでよい。**広げる必要があるのは、「具体」と「抽象」という2つの言葉の意味だ。**本書では、一般に言われる「具体」と「抽象」よりも広い意味でこれらの言葉を考えていきたい。「具体」と「抽象」の意味を広げることで、「思考」はすべて説明できるのである。

第2章

《右》の世界と、《左》の世界。

《左》と《右》と、「具体」と「抽象」と。

・世界を定義する

ここからは「抽象」と「具体」のイメージを広げるために、図を使って説明していきたい。「抽象」と「具体」を図示して説明しようとしたものを探すと、その2つの概念が「上下」に配置されているケースが多い。この場合、必ず上に抽象的なものがきて、下に具体的なものがくる。抽象的なものとは、空の上、天界のぼんやりしたもので、具体的なものとは地上のこまかいものというイメージがあるからだろう。このイメージは理解できる。

しかし本書では、あえて《左右》で表現していく。ここまでの図版でも必ず、**具体的なものほど《左》に配置し、抽象的なものほど《右》に配置していた**ことに気づいていただけただろうか。

私が2つの概念を上下ではなく左右で表現している理由は、**「具体」と「抽象」には優劣や順番があるわけではないことを明確にしておきたい**からだ。上下に配置すると、どうしても抽象的なほうが偉く、具体的なものがそれに従う印象になる。しかし、実際は優劣があるわけではない。むしろ、車の両輪のように、左目と右目のように、**「具体」と「抽象」が協力し合い、補完し合って価値を発揮し**

よくある「抽象」と「具体」

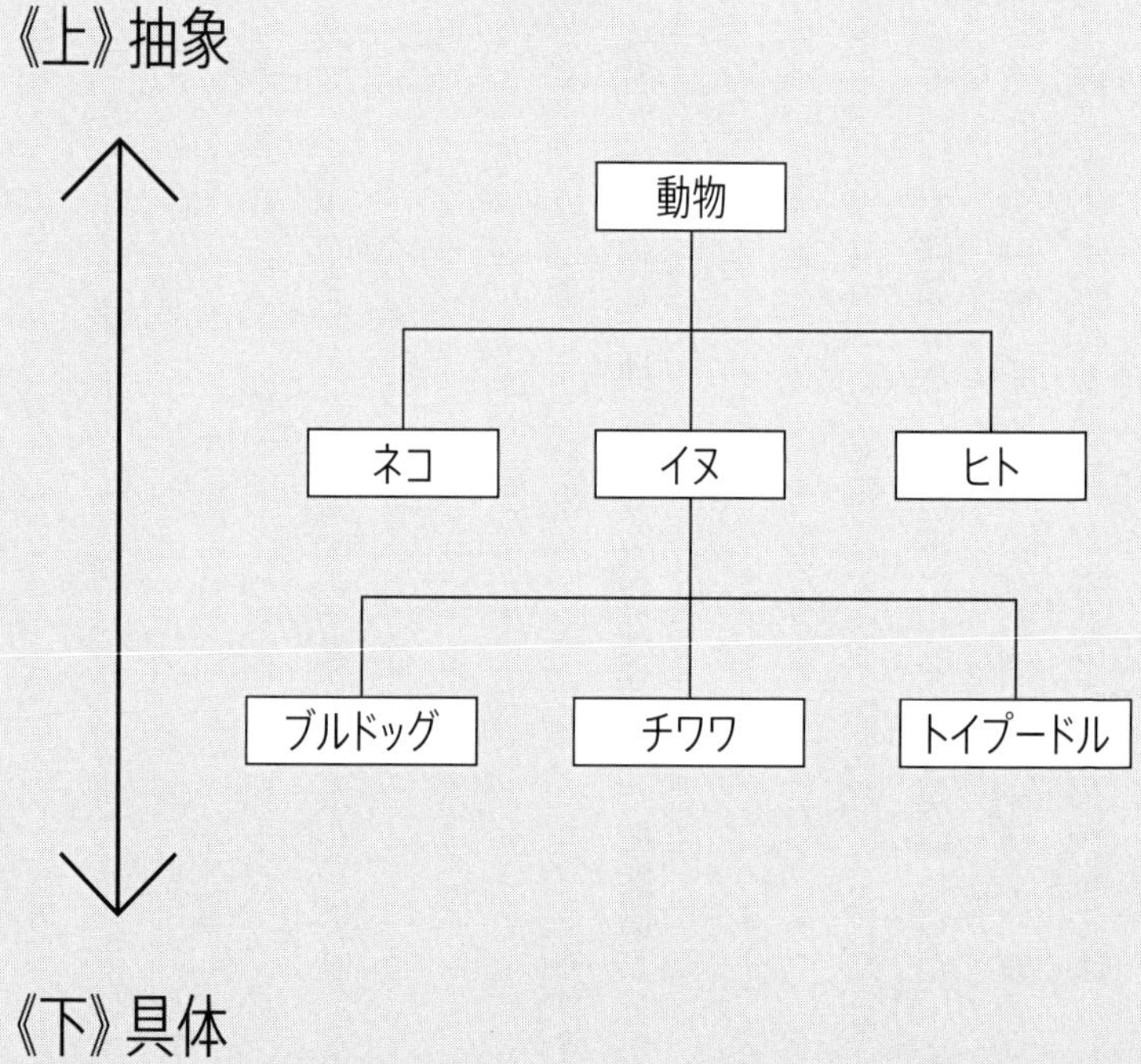
《上》抽象
《下》具体
動物
ネコ
イヌ
ヒト
ブルドッグ
チワワ
トイプードル

本書の「具体」と「抽象」

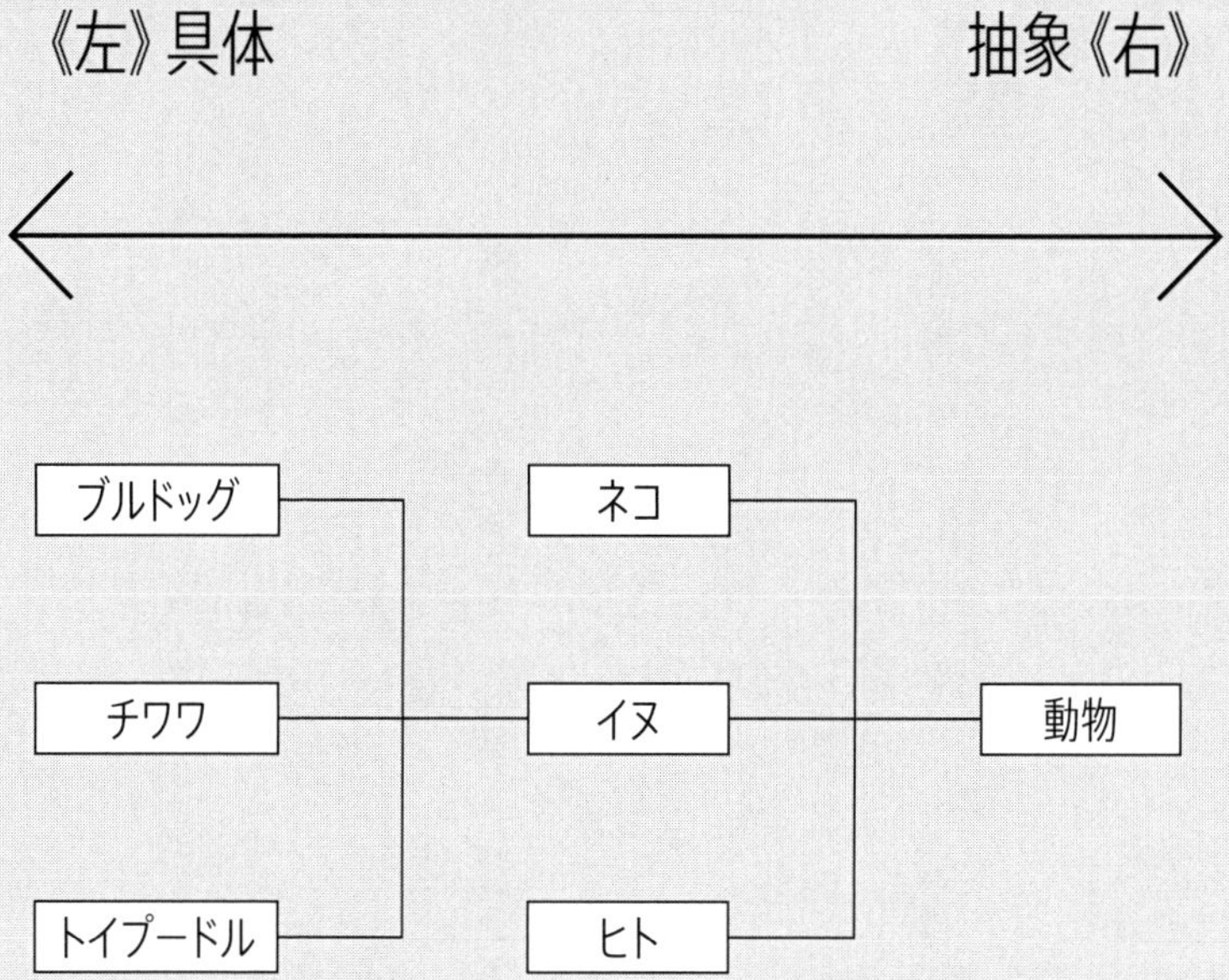
《左》具体
抽象《右》
ブルドッグ
チワワ
トイプードル
ネコ
イヌ
ヒト
動物

ているというのが私の考えである。

いままで、「具体」と「抽象」という言葉を何度も使ってきたが、ここからは、イメージとして理解してもらいやすくなるよう、**具体的なことを《左》**と呼び、**抽象的なことを《右》**と呼んでいきたい。

《左右》に呼び替える理由は2つある。1つは、いま述べたように「具体」と「抽象」とは上下関係でなく対等な関係であることを強調したいからである。もう1つの理由は、こちらのほうが重要な理由なのだが、「具体」と「抽象」という言葉の持つ意味を広げていきたいからだ。辞書で説明されている言葉の定義を広げることで、人間の思考とは何なのか？　頭のよさとは何なのか？　ということがスッキリと理解できるようになる。

ここからしばらく、《左》の世界と《右》の世界を紹介していこう。

《右》ほど
全体的であり、

・「ポチ」と「宇宙」

《左》ほど
個別的である。

《左》に行くほど、つまり具体的になるほど、個別的な一部分を指し示し、《右》に行くほど、つまり抽象的になるほど、全体を指し示す。「個別」「全体」という言葉は、《左》と《右》の世界をイメージするのにわかりやすい。

イヌの例で説明したように、「チワワ」→「ポチ」と《左》に行くほど個別の種、1つの個体を指し示すようになる。イヌから《右》に移動すると「哺乳類」や「生物」といったより全体を指し示す言葉になる。さらに《右》に移動すると「地球」や「宇宙」になると言うこともできる。

日本史の例では「壇ノ浦の戦い」を「日本史」まで抽象化したが、もちろんさらに《右》には「世界史」や「人類史」そして「宇宙史」が待っている。**どんなものでも、《右》に行けば最終的には「世界全体」や「宇宙全体」につながっている。**あなたの人生も「宇宙史」の一部分だ。

《右》ほど長期的であり、
《左》ほど短期的である。

・「3ヶ月で5キロやせる！」

具体的な《左》ほど一部分を指し示す個別のものであって、抽象的な《右》ほど全体を指し示す大きなものという話をした。ここでの「個別」「全体」とは、空間的な小ささ大きさのように受け取れるが、別に空間軸に限る必要はない。話を時間軸に広げてもいいのだ。

具体的な《左》ほど時間軸の一部、つまりは短期間のことを指し示し、抽象的な《右》ほど時間軸の全体、つまりは長期間のことを指し示す。

予定や目標を立てるときのことを考えてみよう。だいたい、**短期の予定や目標ほど具体的で、長期の予定や目標ほど抽象的になる。**

たとえば、「3ヶ月で5キロやせる!」というダイエットの目標を立てたとしよう。

ではこの3ヶ月の目標のために今週何をするかと言うと、「10キロランニングをする」とか「今週アイスクリームを食べるのは1回だけに我慢する」とかいう具体的な行動だ。考える期間が短期になるほど、必要になってくるのは具体的な行動だ。

逆に今後10年ぐらいの長期を考えた場合、本当の目標は何だろう？　別に、10年で200キロやせるために3ヶ月で5キロやせる目標を立てたわけではないだろう。今後10年でアイスクリームを食べる回数を決めたいわけでもない。おそらくは、スタイルをよくしてもてたいとか、健康な体を作りたいからダイエットするわけだ。このように、考える期間を長期に延ばすと、目標は「もてたい」とか「健康」のように抽象的な言葉に変わってくる。

「今後10年健康であるために、まずは体重を3ヶ月で5キロ落とす。そのために今週はアイスクリームを1つしか食べない」

と言うと自然だが、以下のように抽象と具体を入れ替えて言うと非常に不自然だ。

「今後10年でアイスクリームを500個しか食べないために、まずは体重を3ヶ月で5キロ落とす。そのために今週は我慢する」

企業の目標でも、1年単位の短期目標は具体的な数値目標がよいとされるが、数十年単位の長期理念は抽象的にならざるを得ない。

「今年の目標は売上高50億円です」と言うのは具体的でよい。しかし、「20年後には売上高500億円を目指します」と言っても、数字は増えているのにもかかわらず、細かいお金しか見えていない懐の小さい会社に聞こえてしまう。

私の会社である株式会社日本教育政策研究所の企業理念（長期目標）は次のようなものである。

「我々の使命は、積み上げられてきた人類の叡智を社会の人々と分かち合い後世に発展させていくことである」

《右》ほど本質的であり、
《左》ほど実用的である。

・9文字にかけた3時間

私がサラリーマンを辞めてビジネスの勉強をはじめた頃、「トップセールスが語る、売上を上げる14の秘密」という営業のセミナーに出たことがある。そこでは、初対面のお客さんと何を話すのかとか、購入を断られたときにどうするのかといったことが説明されていて、たぶん3時間ぐらいの内容で、確かに14個のテクニックが語られていたと思う。

最後に、質疑応答の時間があったので講師の方にこう質問した。

「つまり、お客様との信頼関係を築くことが大事ということですか?」

講師の返事はこうだった。

「その通りです」

なんと、**3時間かけて説明された14個のテクニックは、「お客様との信頼関係」というたった9文字にまとめることができた**のだ。

自分が教える立場になってよくわかったのだが、ビジネスにしろ学校の勉強にしろ、先生が生徒に教えたいのは、場所や時代で変わらない「本質」である。小手先のテクニックではない。ところが、いくら「お客様との信頼関係が大事です」などと抽象的な言葉で語っても、それはなかなかうまく伝わらない。たとえ伝わったとしても、具体的に何をすればいいのかがわからない。

抽象的な《右》の世界ほど、少ない言葉で本質を表すことができる。古今東西、時代や場所が変わっても、その本質は変わらないという素晴らしさがある。「営業ではお客様との信頼関係が大事です」という本質は、日本でもアメリカでもフランスでも、時代がどんなに変わっても正しくあり続けるだろう。

ただし、この抽象的な本質は、そのままでは役に立たないという欠点がある。営業するときに知りたいのは、やっぱり初対面のお客様に何をしゃべればいいかとか、購入を断られたときにどうすればいいかというような、具体的なテクニックのほうだろう。そう、**具体的な《左》の世界ほど、実用的であるというメリットがある**のだ。

少し余談になるが、人に何かを伝えるときは、「抽象的な本質」と「具体的な例」を両方伝えると非常にわかってもらいやすい。つまり、両方とも大事なのだ。

《右》ほど
概念的であり、

・祇園精舎の鐘の声

《左》ほど五感的
数値的である。

《左》と《右》の世界には、**具体的なものほど五感で捉えやすく、抽象的なものほど概念的**という特徴もある。

「イヌを思い浮かべてください」と言われると、どんな姿を思い浮かべるだろうか？　おそらく、あなたと私はそれぞれ違うイヌの姿を思い浮かべる。トイプードルを思い浮かべる人もいれば柴犬の姿を思い浮かべる人もいる。スヌーピーやソフトバンクのお父さんなど、イラストやキャラクターを思い浮かべる人もいるかもしれない。

ところが、もう少し具体的に「チワワを思い浮かべてください」と言うと、ほとんどの人が似たような姿のチワワを思い浮かべる。チワワからさらに具体化して「うちのポチ」を思い浮かべるときは、姿だけでなくて、鳴き声やにおいまでイメージすることができるだろう。**具体的なものほど五感（視覚・聴覚・触覚・嗅覚・味覚）にしやすい**のだ。

具体的なほどイメージしやすいが、反対に、抽象的に「哺乳類を思い浮かべてください」と言われたらモヤモヤしてくる。さらには「生物を思い浮かべてください」と言われたら、視覚化するのはほとんど不可能だ。**《右》に行けば行くほど概念的になって五感では捉えにくくなる。**

「抽象的なことはわかりにくい」と言われる理由の大部分がここにある。**人間は、五感で捉えることができないと「わかりにくい」と判断する**ようだ。逆に言うと、**抽象的でわかりにくいことも五感で表現できればわかりやすくなる**ということだ。

『平家物語』はこのようにはじまる。

祇園精舎の鐘の声、諸行無常の響きあり
娑羅双樹の花の色、盛者必衰の理をあらわす

この『平家物語』の冒頭が名文として有名である理由は、**抽象的でわかりにくい《右》の世界を、具体的で五感的な《左》の世界と見事に結びつけて表現している**からだ。

「諸行無常」や「盛者必衰」とは、とても抽象的な思想である。漢字で読めば意味がわからなくもないが、鎌倉時代の琵琶法師たちはこれを歌って伝えていた。「ショギョームジョー」「ジョーシャヒッスイ」などと言われてもさっぱり理解できない。

ところが、伝えにくい抽象的な思想も、聞き慣れた「鐘の声」、見慣れた「花の色」で表現すれば非常にわかりやすくなる。

インドの祇園精舎に実際は梵鐘はなかったらしいし、娑羅双樹を見たことがある人がどれだけいるかは怪しい。おそらく、琵琶法師のこの語りを聞いた人(『平家物語』を読んだ現代の人も含む)が思い浮かべたのは近所のお寺の鐘の音であり、花見で親しんだ桜の花であっただろう。それでも、《右》の世界の思想がよくわかったに違いない。

重々しくはじまり儚く消える鐘の音、栄華は数日であるがそれを美しい花の色として思い浮かべることは、「ショギョームジョー」「ジョーシャヒッスイ」と言われるよりよほどその概念が伝わるのだ。

《右》に行くほど概念的だが、《左》に行くほど数値で表しやすいという特徴もある。

たとえば「おたくのポチの体長は?」ときかれると、「28センチです」というようにはっきりした数字で表すことができる。これが「チワワの体長は?」になると、「成犬で30センチぐらいです」のように「ぐらい」がつきだす。

さらに「イヌの体長は?」ときかれると、「20から100センチぐらいがほとんどじゃないかなぁ」という具合に、さらに曖昧になってくる。もっと抽象的にして「生物の体長は?」と聞いても、もはや質問の意味すら成していない。《右》になればなるほど、概念的で数値化しにくいのだ。

抽象的なことは数値化しにくいということは、**具体化するには数値化すればいい**と言い換えることができる。たとえば、仕事で部下に「一生懸命がんばりなさい!」と言っても伝わらない。部下は何をしていいかわからない。「訪問件数を1日10件から15件に増やしなさい」と言えば具体的な行動がわかるようになる。

《右》ほど精神的であり、
《左》ほど現実的である。

・1万人の命と1人の命

少しいじわるな質問をしよう。

「1万人の命と1人の命、どちらが大切ですか?」

さて、あなたはどう答えるだろうか? 即答できた人はあまりいないと思う。もちろん1人の命より1万人の命のほうが重大に決まっているが、そう言い切ってしまうと非常に冷たい人間のように受け取られる。「命の重さは全員同じです! 比べることはできません!」と答えるのも正論であるが、議論から逃げている感じがする。

この質問にどう答えるかが、**《左》と《右》のバランス**である。

1万人の命か1人の命、どちらかしか救うことができないとすれば、1万人の命を救うのが当たり前だ。もしあなたが迷わずこの考えを選んだとしたら、かなり**現実的な《左》側**で判断をしたことになる。

逆に、あなたがもしも「命の重さは同じです!」と即答したとしたら、かなり

精神的倫理的な《右》側で判断したということだ。

どちらの判断も正しい。**現実的な価値観と精神的な価値観、どちらが正しいというわけではなく、多くの場合はそのバランスで悩み、最終判断をする**ことになる。

たとえば、ドクターヘリを1機増やせば離島に住む人々の命を救えるのだが、同じ予算で救急車を10台増やせるとしたらどうだろう？　現実的に考えて救急車10台のほうが多くの命を救えるので、救急車が優先されることになる。《左》に寄った判断だ。

同じ医療問題でも、倫理的な《右》が優先されるときもある。たとえば、難病の治療方法を探すために人体実験をすることは許されない。仮に1人を犠牲とする人体実験で1万人の命が救われるとしても、やっぱり許されない。

現実的な価値観と精神的な価値観の対立はよく起こる。そして、ほとんどの場合はバランスをとることになる。このバランスが「頭のよさ」だ。《左右》どちらかに振り切ってしまうと、よくないことが起こる。
効率と数字を優先させて、離島の人々の命を軽く考えてはいけない。反対に、より倫理的にスピリチュアルに考えれば、人の命もネズミの命も同じ重さだが、だからといって動物実験まで禁止すると医学は進歩しなくなる。

具体的になればなるほど、目の前の現実を見ることになる。抽象的になればなるほど、崇高ではあるが現実からは離れた理念を語ることになる。ここで言う《左》の世界は、「現実的」のほかに「実際的」「実践的」「客観的事実」というような言葉が該当するだろう。《右》の世界は、「精神的」のほかに「倫理的」「理念的」「主観的真実」という言葉が該当する。

これらの現実的な《左》の世界と精神的な《右》の世界は対立することが多いが、必ずしも矛盾するわけではない。これら2つの世界をつなぐものが、まさに「思考」なのだ。

《右》ほど多面的
高次元であり、

・丸か？　四角か？

《左》ほど一面的
低次元である。

あなたと上司が議論している。目の前に丸いものがあるのだ。どう見ても丸だ。だがあなたの上司は、「これは四角だ!」と言う。何度あなたが説明しても、上司は「これは四角だ!」との一点張りである。上司の頭がおかしいのだろうか? あるいは、会社では理不尽でも上司の言う通り、丸も四角だと思い込まなければいけないのだろうか?

社会人経験がある方なら、このようにどうしても上司と見えているものが一致しないという経験は、一度や二度ではないはずだ。見解の不一致は上司と部下の間だけでなく、教師と生徒の間でも、恋人どうしの間でも、あなたと私の間でも起こりうる。自分には丸に見えるのに相手には四角に見えるというのだ。

このような事態が起こっても、それは自分が間違っているのでも、相手の頭がおかしいのでも、世の中が理不尽なわけでもない。実は、**「次元を上げる」とスッキリ解決することがある。**

どういうことか。丸と四角の例ならば、上司とあなたの2人とも2次元の世界(縦と横しかない世界)に留まっているから意見が違うように感じられる。しかし、ここから3次元の世界（縦と横に高さを加えた世界）に次元を上げてみよう。驚きの事実が判明する。

そう、実は2人とも「円柱」という**同じものを、違う面から見ていたにすぎない**のだ。

こうして、あなたと上司は無事に「これは円柱である」と意見を一致させることができた。だが、もしかして、「2人とも間違っている！　これはどこから見ても球だ！」と主張してくる人がいるかもしれない。その場合は、さらに時間軸も増やして4次元の世界から見てみよう。もしかしてこれは、「時間が経つと円柱から球に変形する物体」なのかもしれない。

次元を上げて多面的に捉えようとすることは、《右》の世界でものを見ようとすることだ。丸、四角、球の例では、縦横高さに時間という物理的な軸で次元を考えたが、別に物理的な軸に限る必要はない。

たとえば、1人の人間が持っている側面は、身長・体重・年齢の3つだけでは

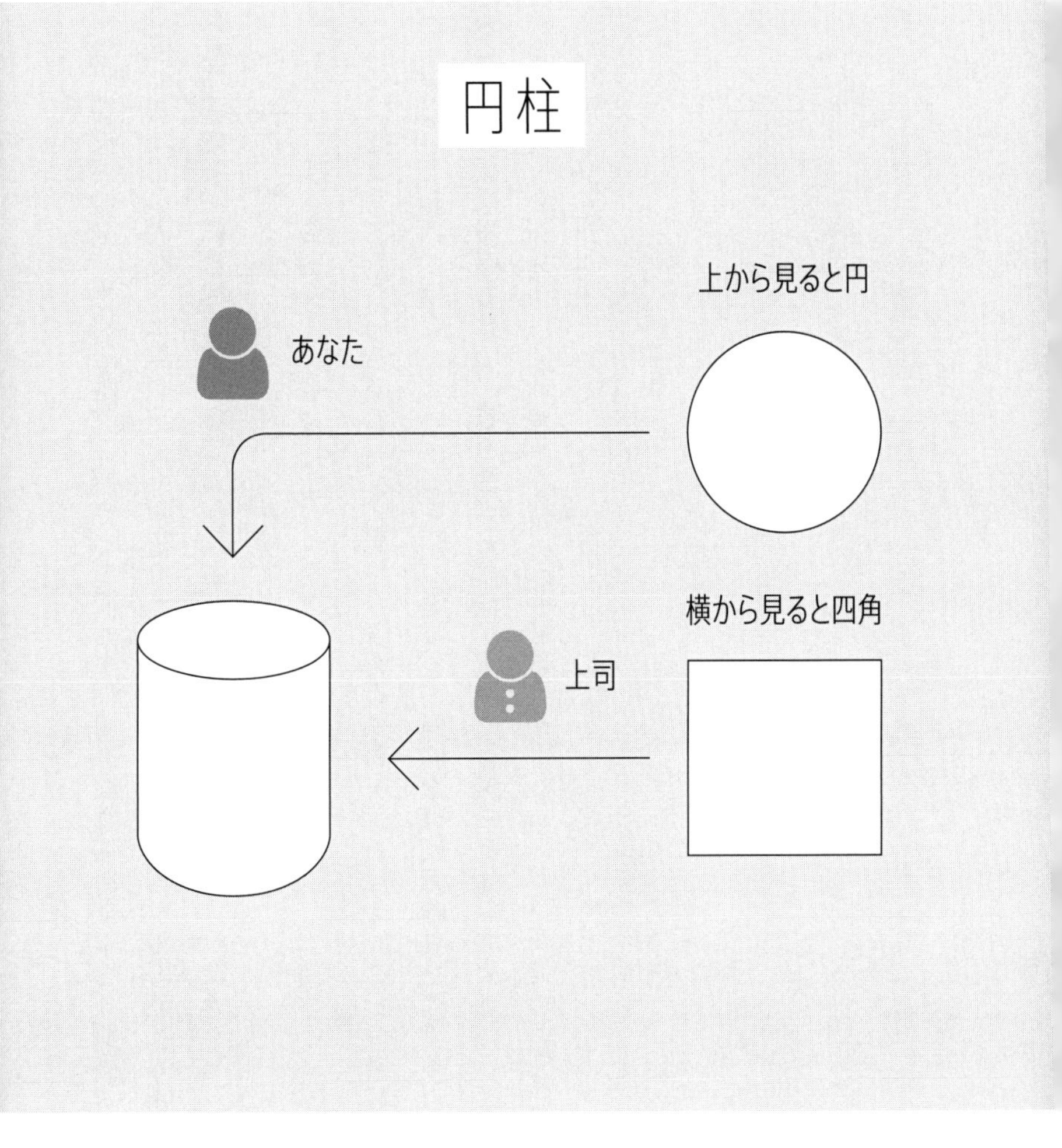
円柱
上から見ると円
あなた
横から見ると四角
上司

ない。職業、性別、性格、趣味、好きなブランド、毎朝起きる時間など、側面は無限にあって「人間とは無限次元の存在である」とも言える。これらの**無限の側面を多面的に、総合的に捉えることが《右》の世界**である。対して、次元を落として一面的に捉えることが《左》向きの思考である。

ここで注意してもらいたいのは、必ずしも多面的に高次元で捉えることが素晴らしいというわけではないということだ。逆に、**一面的な低次元の《左》で考えることが重要な場面も多い**。靴を選ぶときは、人間の無限の側面を考えているといつまで経っても買うことができない。「足のサイズ」という1つの側面が決定的に大事である。

目的を考えるときは
《右》方向、
・自由な思考を生むためには
手段を考えるときは
《左》方向。

「手段と目的を間違えるな！」とはよく言われる言葉である。特に、「手段」がいつの間にか「目的」になってしまうことは固く戒められる。たとえば、「お金」とは本来、何かを買うための手段であるのだが、気がつくとお金を稼ぐことが目的になってしまうことがある。お金を稼いだのはよいが、本当は自分は何が欲しかったのか、何のためにお金を稼ごうとしていたのかを忘れてしまうと不幸だ。

このように、一般的には「手段と目的ははっきりさせましょう」と諭されるケースが多いのだが、本書ではもう少し深く「手段」と「目的」について考えたい。ポイントは、「目的」とは必ず何かの「手段」でもあるということだ。**「目的」と「手段」は、《右》から《左》に何段階も連続している。**

いま、あなたが電車で会社に通勤している最中だとしよう。この場合、電車が手段で、会社に行くことが目的だ。通勤の手段としては、他にもバスや自動車、バイクなども考えられる。たくさんある手段の中から、通勤という目的に最適なものを選んだのだろう。

ところで、**なぜ**あなたは会社に向かっているのだろうか？　それは、会社で仕事をしてお給料をもらうためかもしれない。だとするなら、「会社に通勤する」とはお金を稼ぐ手段であって、「お金を稼ぐ」ことが目的である。それでは**なぜ、**あなたはお金を稼ぐのだろうか？

こうして**「なぜ」という質問をくり返すと、次々にあらたな「目的」が明らかになってくる。**このように**目的を問うのが《右》向きの思考**である。手段を《左》に、目的を《右》に置いて図にしてみよう。「手段」と「目的」は連続している。**とある事柄（たとえば通勤）は、必ず1つ《左》の目的であり、1つ《右》の手段なのだ。**

仮に、あなたのお金を稼ぐ目的が、衣食住の支払いをして「生きる」ためだとしよう。「生きる」ことが目的だとすると、お金を稼ぐ以外にも手段はある。自分自身はお金を稼がない専業主婦（夫）になっても生きることはできるし、難易度は高そうだが、自給自足と物々交換でお金を使わずに生きていくことも1つの手段だ。

「お金を稼ぐ」ことを目的としても、手段は「会社に通勤する」以外にたくさん

「手段」と「目的」は連続する階層構造

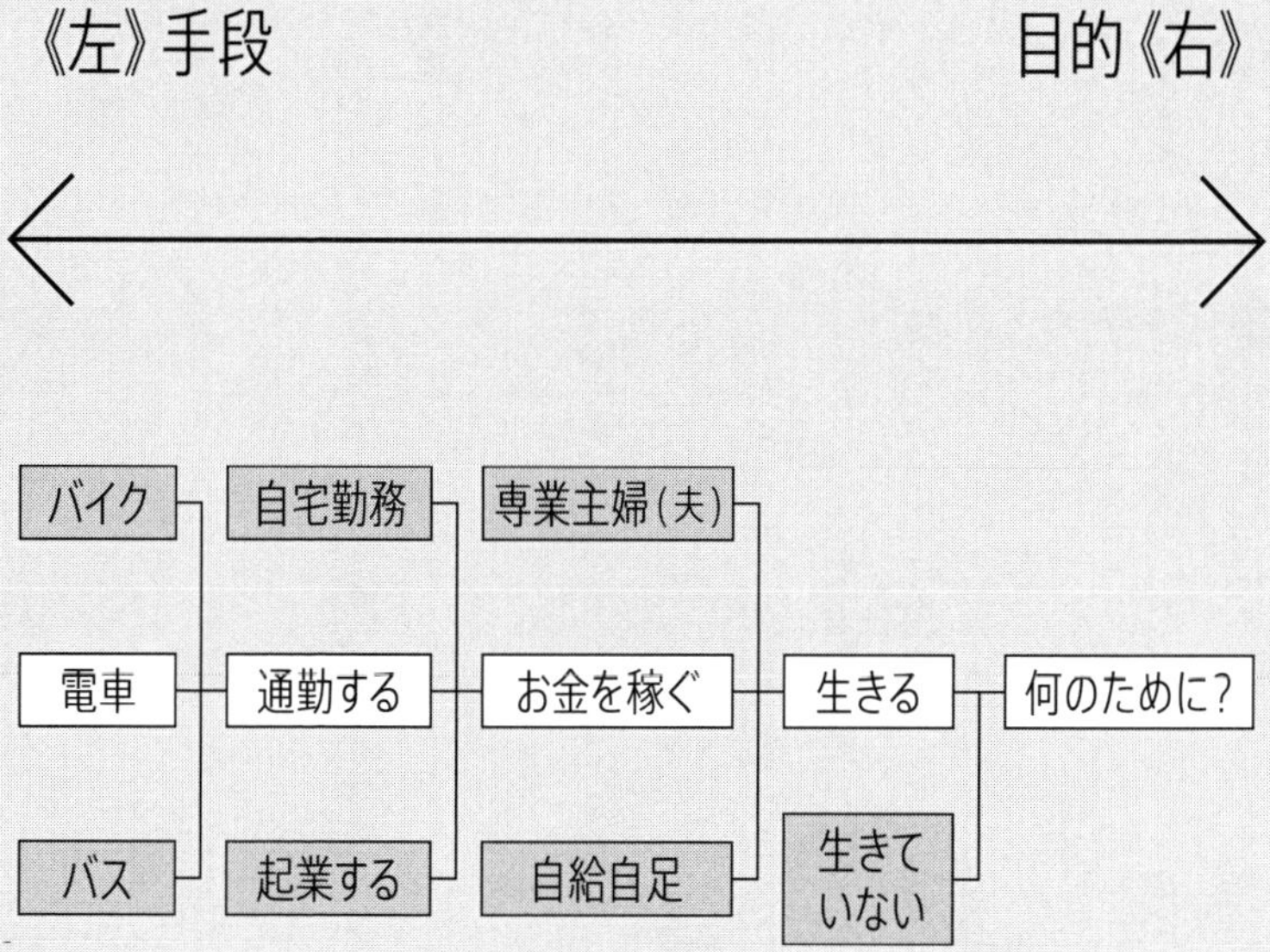

考えられる。自宅や客先で仕事をしていても、成果が挙がっていれば給料はもらえるだろう。起業したり株の取引でお金を稼いでもいい。このように**具体的な手段を考えることが《左》向きの思考**だ。

おもしろいことに、**《右》向きの思考と《左》向きの思考を組み合わせることで、より自由な発想が生まれる。**

いまのところいちばん《右》の目的である「生きる」ことから、さらに《右》に向かって考えてみよう。**なぜ**、あなたは生きるのだろうか？　答えにくいかもしれないが、仮にあなたは世界平和を実現するための活動をしていて、生きる目的は「世界平和」だとしよう。そうすると、いま通勤電車に乗っているのも、世界平和のためだ。さてあなたは世界平和のために生きているわけだが、「生きる」以外に手段はないのだろうか？

「生きる」以外の手段があるとすれば「生きていない」という選択肢だ。できればそれは避けたい気がする。しかし考えてみれば、もし世界平和が実現できたとして、あなたが死んだ瞬間に戦争が起こる平和はベストではない。どちらかというと、あなたの死後何百年も続く平和のほうが望ましい。なんと、あなたが「生きる」という手段を使うよりも、「生きていない」という手段を使ったほうがより良い世界平和が実現できるのだ。

ここまで来ると、図の「生きていない」からさらに《左》向きに考えることもできる。あなたが生きていなくても平和が続く手段として、どんなものがあるだろうか？　今まで思いつかなかったアイデアが次々出てくるはずだ。

手段だけを追っていても、目的だけにこだわっていても、自由な思考は生まれない。**《右》向きの思考と《左》向きの思考をくり返すことで無限の可能性が生まれるのだ。**

《右》に行く力が問題設定力であり、

《左》に行く力が問題解決力である。

・タイムリミット1時間

〝私は地球を救うために1時間の時間を与えられたとしたら、55分を問題の定義に使い、5分を問題の解決に使うだろう〟

これは、もはや説明不要の大物理学者、アルベルト・アインシュタインの言葉である。「問題解決よりも問題設定のほうが大切である」と説くときによく引用されるフレーズだ。確かに、むやみに問題を解決したところで、そもそも必要ないことだったり、望む結果に対して逆効果であったりしては元も子もない。私は、「問題解決力」と「問題設定力」の大切さは同じくらいだと思うが、アインシュタインには同意する。何か問題を解決しようとするとき、そもそもその問題は本当に解決しなければならないのか、時間をかけて注意深く問題設定を行う必要がある。

ここで注意してもらいたいのは、**問題解決とは具体的な《左》に向かって考えることであり、問題設定とは抽象的な《右》に向かって考えることである、という「方向性」について**だ。

問題を解決しようとするときは、方策が具体的であれば具体的であるほど力になる。

たとえば、現代の日本では少子化による人口の減少が問題だと言われている。これを解決するにはどうすればよいだろうか？　よく議論される解決案として、「保育園を増やして、共働きの夫婦でも子どもを育てやすくする」という案がある。もし本気になってこの案で解決しようとするのであれば、必要なのは具体化だ。

保育園を増やすと言っても、いつまでにいくつ増やすのか？　保育園の定員は何人で保育士は何人募集するのか？　予算はいくらでどこから調達するのか？というようなことを具体化しなければ、なかなか実行に移すことができない。

一方で、その**問題を設定するときは、全体を総合的に考える必要がある。言い換えれば、抽象的な《右》に向かって考える必要があるのだ。**

では、問題設定について考えてみよう。「現代の日本では少子化による人口の

経済的に豊かな国・地域

順位	国名	1人あたりGDP（USドル）	人口（万人）
1	ルクセンブルク	114,234	60
2	スイス	82,950	848
3	マカオ	82,388	66
4	ノルウェー	81,695	532
5	アイルランド	76,099	490
6	アイスランド	74,278	35
7	カタール	70,780	272
8	シンガポール	64,041	564
9	アメリカ合衆国	62,606	32,735
10	デンマーク	60,692	578
26	日本	39,306	12,649

出典：2018年 IMF DATA

減少が問題」だと言われているが、なぜ人口の減少は問題なのだろうか？　本当に人口の減少は問題なのだろうか？

「人口が減ると経済力が落ちて日本人の暮らしが悪くなる」というようなことが言われるが、視野を広げて国際比較をしてみよう。ＩＭＦ（国際通貨基金）によると、経済的に豊かな（１人あたりのＧＤＰが大きい）国々はルクセンブルク、スイス、ノルウェー、アイルランドといった国々である。

並べてみると、豊かな国とは必ずしも人口が多い国ではないことがわかる。ルクセンブルクやマカオは例外と考えるにしても、上位10ヶ国には人口数百万人程度の国が多い。むしろ、人口が数百万人ぐらいのほうが国民をバランスよく豊かにしやすいのかもしれない。人口が減ったほうが日本も豊かになる可能性が、ないわけではない。

私も、日本に保育園を増やして子育てしやすくするべきだとは思っている。しかし、問題を解決する前に、問題設定については疑ったほうがいい。たとえば、国民の経済的な豊かさを気にするならば、日本の１人あたりのＧＤＰがスイスの半分以下である（ということは、日本人の平均年収がだいたいスイス人の半分ということだ）ことを無視して人口の議論をするのは不十分だろう。

問題解決と問題設定は2つの方向でワンセットだ。**抽象的で大きな議論をしているだけでは問題は解決しない**。しかし、**具体的で細かい方策を検討しているだけでは、大きな問題を見誤る**。慎重に《右》方向に考える問題設定力と、素早く《左》方向に動く問題解決力、両方を使いこなすことで本当に問題を解決できるのだ。

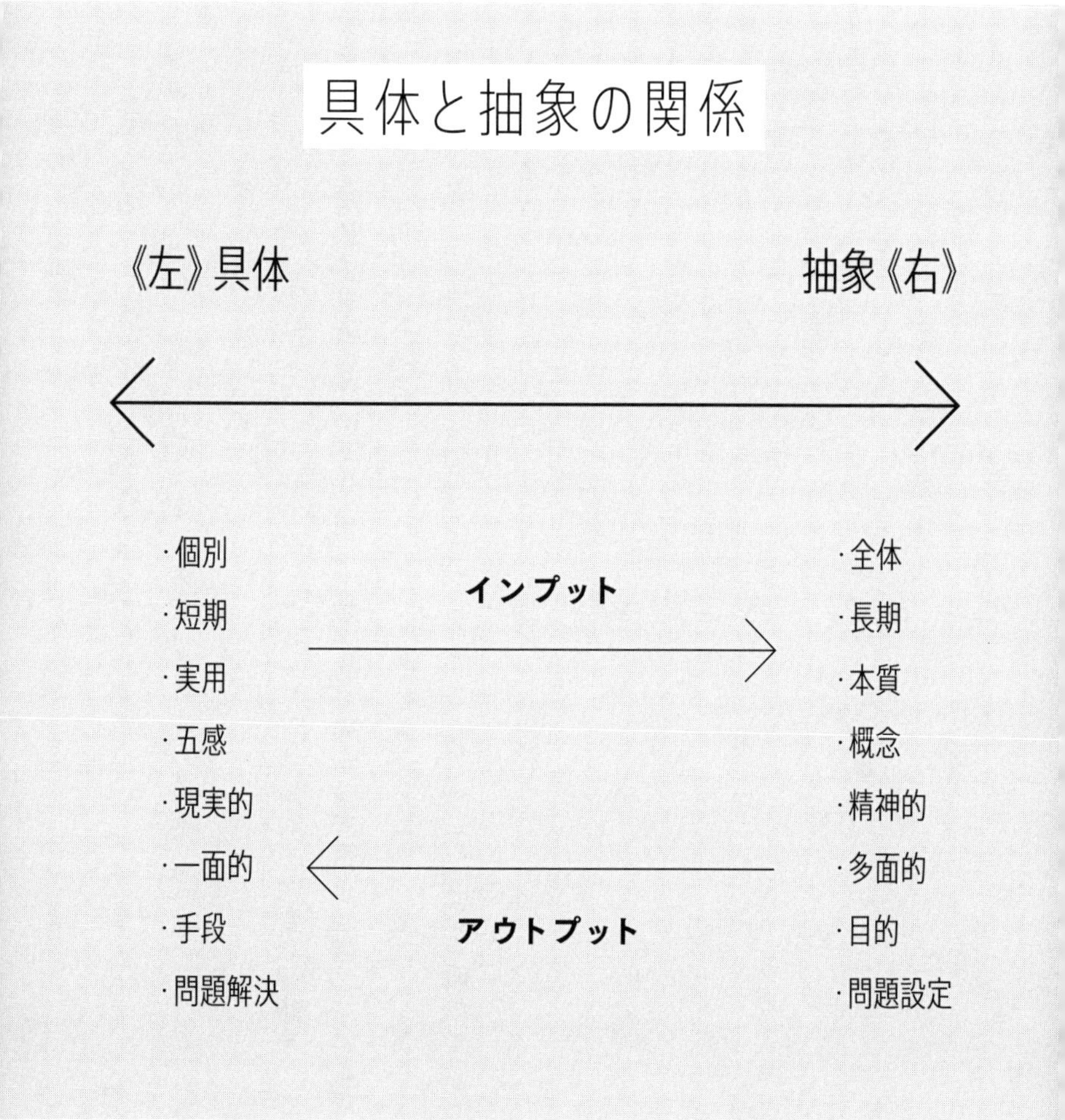
具体と抽象の関係
《左》具体
抽象《右》
・個別
・短期
・実用
・五感
・現実的
・一面的
・手段
・問題解決
インプット
アウトプット
・全体
・長期
・本質
・概念
・精神的
・多面的
・目的
・問題設定

第3章

「頭のよさ」を決める、3つの動き。

「頭のよさ」は突き詰めると、たった3種類しかない。

・「頭のよさ」を定義する

この本の冒頭で、人によって「頭のよさ」の定義がまちまちであることを紹介した。「頭のよさ」とは、「理解力があること」「知識量があること」「論理的であること」「頭の回転が速いこと」「発想が豊かなこと」「判断が的確なこと」など、言い方によっては何種類でも定義できる。何人集まっても議論がまとまらない。

さらに困ったことに、**これらの定義を何十個集めても「頭のよさ」を説明するには十分ではない。**どうしてもそれらに当てはまらない要素が出てくる。

「頭のよさ」が何だかわからないという問題を解決したい。

そう考えて本書では、「思考」の定義を「具体化と抽象化の往復運動である」と決めた。そして「具体」と「抽象」の意味を広げて《左》と《右》と表現した。頭のよい人とは、つまりは**《左》と《右》の往復運動が得意な人**なのだ。

ここまででもかなり「頭のよさ」がわかってきたが、まだぼんやりしている部分がある。「往復運動が得意」とはどのようなことなのだろうか？　ここをもう少し「具体化」したい。

まず、ここで言う「得意」とは何なのか。ここで言う「得意」という要素は次の3つに分解できる。駅の間を往復運動する電車のイメージに近い。

・距離（電車なら、長距離を移動できることに相当する）
・スピード（電車でも、在来線より新幹線のほうが速い）
・回数（1時間に何本も電車があったほうが便利である）

「得意」とは、これらの3条件をすべて満たしている必要はない。どれか1つでもよい。あるいはバランスがよいということでも構わない。しかしながら、「頭のよさ」を構成する要素とは次の3種類しかないと言える。

・「具体」と「抽象」の距離が長い
・「具体化」と「抽象化」のスピードが速い
・「具体化」と「抽象化」の回数が多い

それぞれどういうことか、1つずつ見ていこう。

「頭のよさ」の要素①

「具体」と「抽象」の距離が長い。

いわゆる頭のよい人とは、ときに常人が思いつかないようなアイデアをひねり出す。これは普通の人よりも《左右》の「移動距離」が長いせいだ。普通の人が大阪から東京に行って帰って満足しているところを、東京を遥かに越えてサンフランシスコまで行ってくるので、より多くの知見を得られる。

《左》の世界である目の前の小さな行動を決めるときも、できるだけ《右》の世界、つまり全体的で長期的なことを考えてから決めたほうが思慮深い人と呼ばれる。

《左右》の距離があまりに長いとき、普通の人には意味不明の行動に見えることがある。

キリスト教の聖書には「右の頬を打たれたら、左の頬をも差し出しなさい」という言葉がある。これはイエス・キリストが実際に言った言葉とされている。しかし、殴られたら反対の頬も差し出せというのだから、非常に不合理な行動に見える。

この言葉を実行しているキリスト教徒にも出会ったことがない。いままでのアメリカ大統領は全員キリスト教徒のはずだが、彼らの外交政策を見ていると、どちらかと言えば「やられたらやり返せ」ばかり行っている印象だ。**「右の頬を打たれたら、左の頬をも差し出しなさい」というキリストの教えは、現実的な日常や日々の感情、つまり《左》の世界では合理的でない**し、実行している人もほとんどいない。

この教えは、**抽象化して《右》の世界で解釈すると多少の合理性が生まれる。**日常生活やその場の感情といった**《左》の視点ではなくて、「社会制度」や「道徳」といった大きな《右》の視点に移動する**ことによってだ。道徳や社会制度の面から見ると、この教えはたとえば「暴力に対して暴力で対抗しても問題は解決しない」といった解釈ができる。

これなら確かにその通りだと納得できる。殴られたからといって殴り返しているようでは、相手もまたさらに殴り返してくるだけである。暴力の連鎖を止めることは非常に重要である。このように解釈している人は多いだろう。

しかしそれでも、何か釈然としないものも残る。暴力に対して暴力で返すことはよくないが、かと言って、自分の左の頬を差し出してもやっぱり何も解決しないのではないだろうか？

「暴力に対しては言論で返す」とか、何かしら別の行動で対抗したほうが状況が前進しそうな感じがする。マハトマ・ガンディーだって、非暴力ではあったが、綿製品の不買運動をしたり、塩の専売に反対して行進したりすることで、イギリスの暴力的な支配に対抗した。黙って頬を差し出していたわけではない。

イエスの、「右の頬を打たれたら、左の頬をも差し出す」という行動について、《右》の世界で解釈してみると多少理解が進んだ。しかし、まだわからないことがある。だからここで、もっと《右》に進んでみよう。

「社会制度」とか「道徳」、あるいは「国」とか「法律」というのはかなり抽象的な概念だが、所詮は人間どうしの取り決めである。人間が数千年の歴史でつくりあげたものでしかない。それよりも**もっと《右》方向に意識を向けて、人類の枠をも超え、「生命」とか「世界全体」「宇宙そのもの」という概念から考えるとどうなるだろうか？**

ここまで《右》に行くとまさに神の領域であって、果たして人間にたどり着けるかどうか不明ではある。しかし、イエスは神の愛にふれ、その愛を世界に広めようとした人である。少なくとも彼の解釈において、「右の頰を打たれたら、左の頰をも差し出す」ことは、《右》のもっとも端に存在する神の愛を体現する自然な行動だったのだろう。

「頰を殴られた」という経験は、かなり現実的な《左》の世界のできごとだ。あなたは同じ現実的な抽象度に留まって、すぐに殴り返すこともできる。あるいは、もう少しだけ大きな《右》の世界で考えて、言論で抗議するとか、警察に仲裁を頼むといった他の行動を取ることもできる。さらに大きな《右》の世界まで考えれば、逆の頰を差し出すこともできる。

このうちどれが正解というわけではないが、**《左右》の距離を長くとるほど、幅広く深い選択肢をたくさん考え出すことができる。**それだけ頭がよいということだ。そして**距離が人並み外れて長くなると、良くも悪くも、常人には理解できないアイデアも出てくる**のだ。

「具体化」と「抽象化」のスピードが速い。

・「頭のよさ」の要素②

いわゆる「頭の回転が速い人」とは、反応が速くて言われたことにすぐ返答できる。このような人はつまり何が速いかというと、**具体化と抽象化のスピードが速い**のだ。《左》と《右》を、各駅停車で往復するのではなく新幹線で行き来する。

「何も考えていない人」も反応だけは速いが、違いは《左右》の移動をしているかどうかだ。**「頭の回転が速い人」は、具体的な質問に対して、短い時間の中でも本質や全体を考えてから返答している。**

テレビのコメンテーターなどには、この意味で「頭のよい」人が多い。意見を求められて、「では1時間ほど熟考しますね」と言っていたら番組が終わってしまう。聞かれて1秒後には、何かおもしろい意見を言わなくてはならないのだ。

コメンテーターをしている人と実際に会うと、頭の回転の速さに感心する。彼らとはプライベートで会話していても、気の利いた受け答えがすぐに返ってくるのだ。

「具体化」と「抽象化」の回数が多い。

・「頭のよさ」の要素③

「頭がよい人は、間違いを避けて正解にたどり着くのが上手だ」

もしかして、そう思っていないだろうか？　だとしたらあなたは「頭が悪い」。

……でも、そんなに気を悪くしないでほしい。世の中のほとんどの人はあなたと同じ誤解をしている。ところが、実際は逆なのだ。

「頭がよい人は、たくさんの間違いにぶつかったから正解がわかる」

この本では「思考」ですべてが解決できるようなことを語ってきた。それなのに「体験」も必要だというのは一見主張をひっくり返したようだが、抽象的に考え具体的に考えたところで、**思考の結果が常に正しいとは限らない。考えれば正解がわかるというのは幻想である。**思考から出てきた理論は、ただの仮説に過ぎない。仮説を具体的な事実に付き合わせてようやく正解か間違いかがわかる。

トーマス・エジソンは、白熱電球を実用化する際に、6000種類の材料でフィラメントを作って実験した。「どうしたら長持ちするフィラメントが作れるのか?」という抽象的な理論はあったと思うが、それを証明するには実際に実験するしかなかった。6000回の実験と5999回の失敗の結果、優秀な白熱電球が発明され、世界は明るくなったのだ。

抽象的な理論は、何度も具体的に実践して確かめなければならない。もし間違っていたら理論を修正して改善していくのだ。**何度も《左》の世界で検証することで《右》の世界は洗練されていく。**

失敗を恐れず、何度も行動することも「頭のよさ」の一部と言える。頭の中で考えるだけなら、本当に何度間違えてもノーリスクだ。「頭のよさ」を考えるうえで、忘れられがちなのだが、**距離、スピードとともに重要なのが「回数」**なのだ。

自分の「強み」に合わせて、3種類を組み合わせる。

・「頭のよさ」と個性

・**「具体」と「抽象」の距離**
・**「具体化」と「抽象化」のスピード**
・**「具体化」と「抽象化」の回数**

以上が「頭のよさ」の3種類である。私がこの話をすると、「では、この3つをバランスよく伸ばせば頭がよくなるのですね！」という声が返ってくることが多いのだが、それは少し違う。**自分の個性に合わせて、距離・スピード・回数を組み合わせればよい**のだ。

私個人で考えると、私は、かなり「スピード」が遅い。気の利いた答えを即座に返すようなことは苦手だし、トランプの「スピード」のように、反射神経を要求されるゲームだとものすごく弱い。この弱点を克服しようとしたことはあるし、多少の改善はできたのだが、それでも遅い。

しかし一方で、「距離」については得意らしく、思考しはじめるとどこまでも遠くまで自然に行くことができる。抽象化や具体化をはじめるといつまでも考えの行き来が止まらないぐらいだ。だから、考えが終わるまでには余計に時間がかかるのだが。

個人的には、「距離→回数→スピード」の順番で得意だと自覚しているし、この順番で大切にしている。いちばん得意なのは「距離」だが、苦手な「スピード」をカバーするために「回数」を稼ごうという感じである。「回数」を稼ぎ、トライアンドエラーをくり返すうちに、ノウハウが蓄積されて素早い反応もできるようになる。

もちろん、弱点を補強してバランスをとるのもいい戦略だ。「スピード」重視の人はたいてい「距離」を軽視しがちなので、意識的に「距離」を長くすると強い。

トヨタの教えに「なぜ？　を5回くり返せ」という言葉があるそうだが、これは本書の言葉で言い換えると「5段階抽象化して、より本質的な原因を探り出せ」ということだ。個人的には、5段階も抽象化しているとスピードが削がれるし、目の前の問題が何であったか忘れてしまいそうな気がする。しかし、「スピード」に偏りがちな人にとってはいいアドバイスだと思う。現実的には、「いつもより1段階多く抽象化してみる」ぐらいのさじ加減が、個性を活かしながら頭をよくする方法だろう。

このように、**「距離」「スピード」「回数」のうちどれを重視するのかはその人の個性であるし、自分の強みに合わせて組み合わせるのが最良**である。ぜひ、自分が得意な要素はどれなのか、他の要素とどう組み合わせると最良のパフォーマンスが出るのか考えてほしい。

第4章

「具体化」と「抽象化」で、自在に働く。

ピラミッド型組織は、

・全員が力を発揮する組織

90度右に回転する。

本書では、「具体」と「抽象」を、一般的な「下」と「上」ではなく《左》と《右》で図示することで、人間の思考とは何なのか探ってきた。このように90度回転させることで、新しいことがたくさん見えてきたと思う。思考が、上下の重力から解放されたのだ。

実はもう1つ、**90度回転させて見てもらいたいものがある。それは、あなたの職場や学校の組織図だ。**

もし、この本を読んでいるあなたが会社員や公務員、あるいは学生であるならば、自分のキャリアパスがよくわかるようになると思う。もし、あなたが経営者やフリーランスの自営業者であるならば、あなたが作ろうとしている組織にとっての過不足がよくわかるようになるはずだ。

現在存在する組織図の多くは、「ピラミッド型」で表現される。

会社なら、いちばん上に社長がいて、その下に何人かの役員がいる。さらにその下に部長、課長と続き、底辺を多数の一般社員が支えている。

軍隊が発祥とされるのが、このピラミッド型組織（ヒエラルキー型組織）だ。

よくある「ピラミッド型組織」

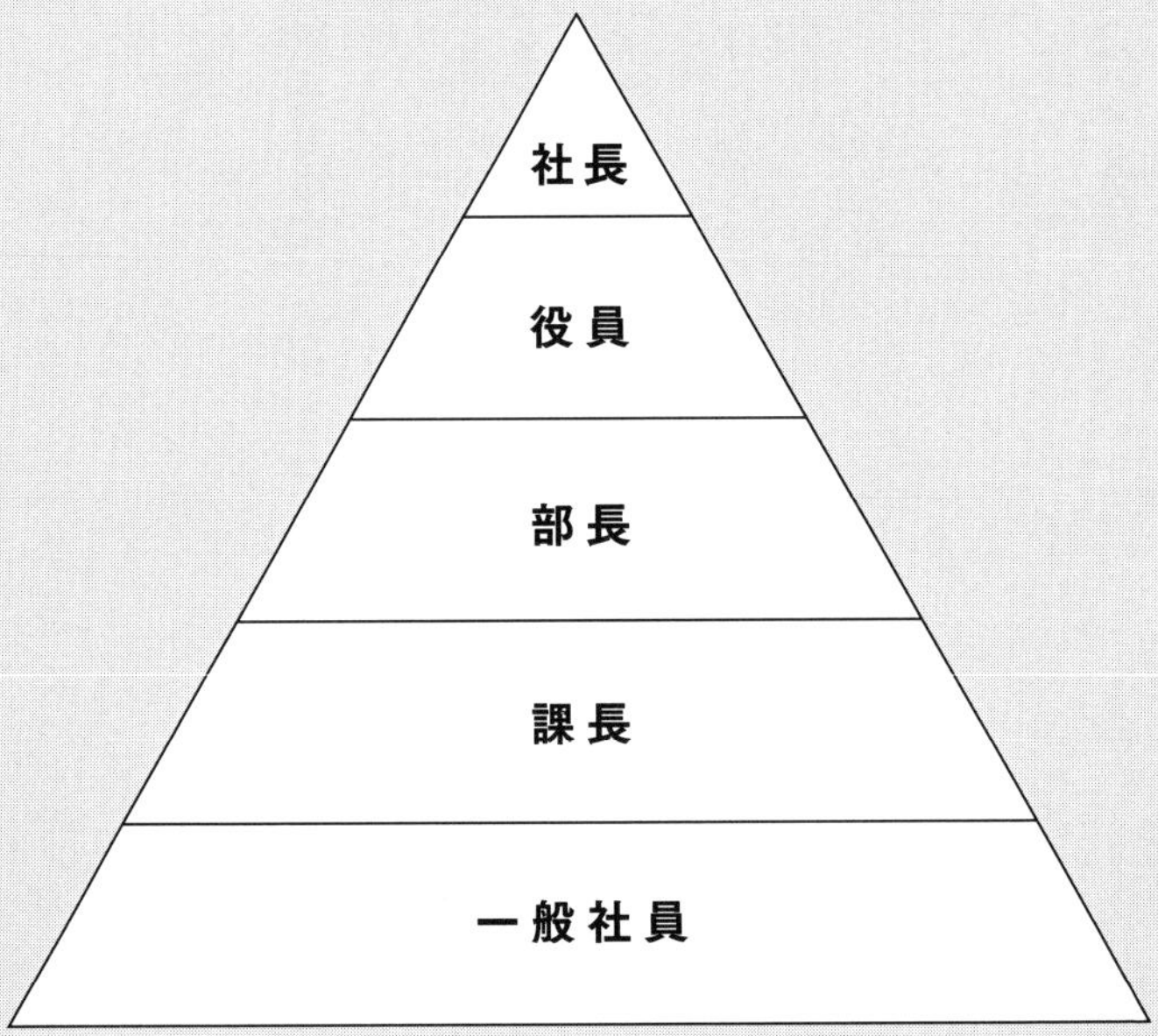

指揮系統が単純で、トップの指令が組織全体に行き渡りやすいというメリットがある一方で、非常に人気がない組織の形でもある。階層が多くなると指示に時間がかかるようになり、一般社員が持っている現場の情報が上部の階層にいる社長のほうまでなかなか伝わらないというデメリットがある。

特に、組織の多数を占める一般社員からすると、重い上部を苦しんで支えているわりには、見返りが少なく感じられて楽しくない。まさに、エジプトのピラミッドの最下段の石のようなつらさがある。

上の階層に上がろうとするにしても、ポストの数は上に行くほど少なくなるので出世競争は激化する。なかなか上に行けない敗者が大量に生まれてしまう組織形態でもある。

ピラミッド型の弱点を克服するため、「逆ピラミッド型組織」を提唱する人もいる。

「逆ピラミッド型」とは、上から社長、役員、部長……と並ぶのではなく、下から社長、役員、部長……と並んでいる組織だ。この理論によれば、いちばん下で

先進的な?「逆ピラミッド型組織」

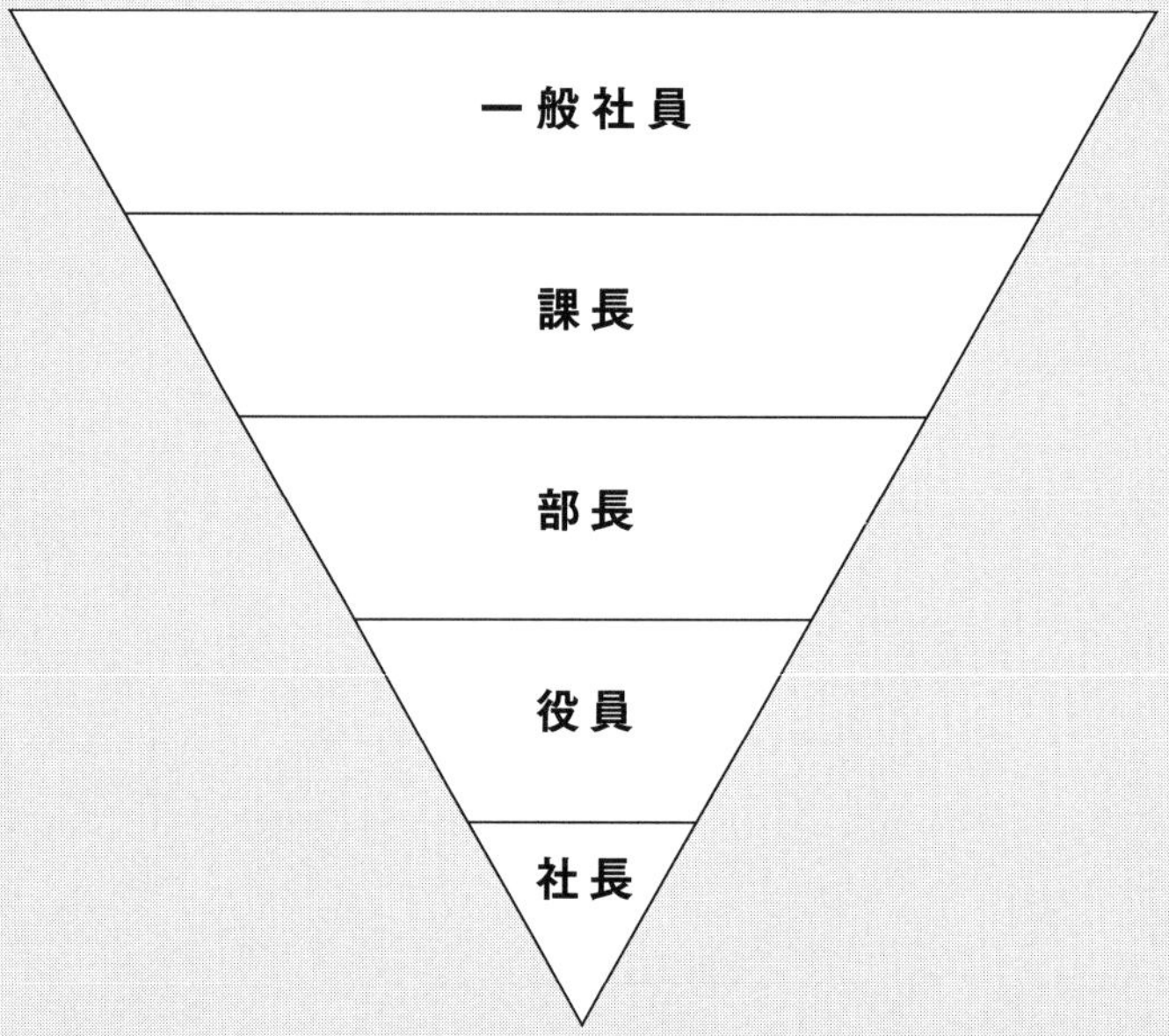

支えているのは、多数の一般社員でなくて1人の社長である。社長の仕事は、ピラミッドの頂点でふんぞり返っていることではなく、上にいる部下が取りこぼしてしまう仕事を全部拾うことなのだ。

逆ピラミッド型の会社では、より多くのものを背負う能力と責任がある者だけが、課長、部長、役員、社長と出世することができる。

これはこれで、傾聴すべき点が多いおもしろい組織論だが、弱点はある。逆ピラミッドは見るからに不安定な形をしている。そして実際、不安定である。会社全体を支えることが少人数の肩にかかっている。そのため、根元に近い人、特にトップである1人の社長の身に何かあれば、組織全体が崩れてしまう恐れがある。

ピラミッドにしろ逆ピラミッドにしろ弱点が多いので、そもそも時代遅れの組織形態だという意見も多い。中間管理職を廃した「フラット型」や、明確なリーダーを設置しない「ネットワーク型」の組織こそ、次世代の組織のあるべき姿だと言う人がいる。そうなのかもしれない。しかし、これらのいわゆる「新しい組織形態」が成果を挙げた例は非常に少ない。無理に導入してもうまくいかない。

おそらく、うまく機能させるためには、状況や人材を選ぶものなのだろう。やはり、人類が何千年も使い続けてきた「ピラミッド型組織」は非常に運用しやすくて便利なのだ。

ここで発想を変えてみよう。実は、**有用だが嫌われもののピラミッドは、大きく手を入れずとも、90度回転させて横にするだけで生まれ変わることができる。**回転方向は右に90度だ。社長、役員といったトップマネジメントが《右》側で、ピラミッド型では底辺だった一般社員を《左》側に位置づける。180度も回転させる必要はない。

もちろんこのとき、《右》側とは本書で何度もくり返している「抽象」の世界で、《左》側とは「具体」の世界のことである。

90度回転させた「ピラミッド」

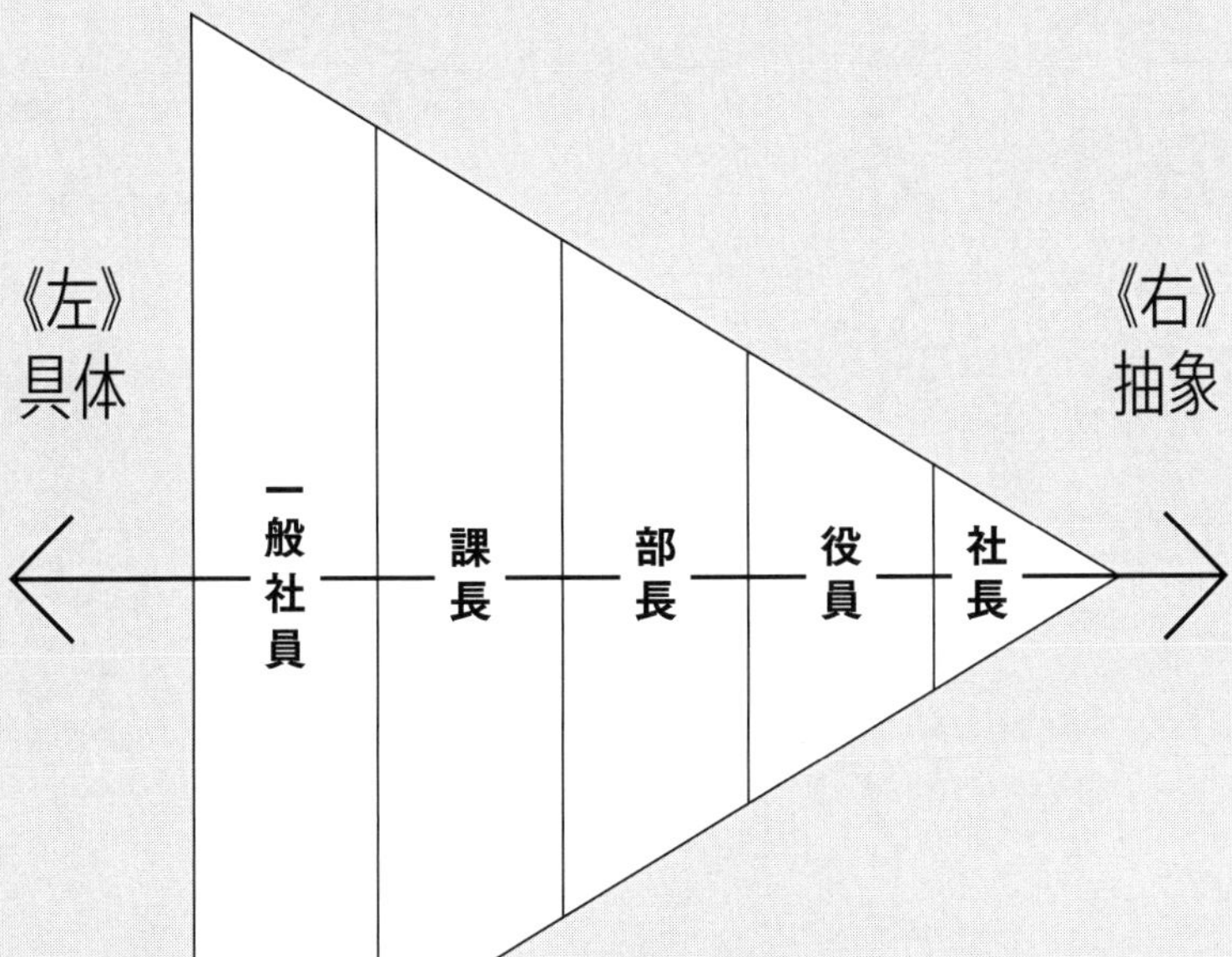

リーダーほど抽象的、プレイヤーほど具体的。

・役職と抽象度

さて、ここまで、組織を説明するうえで、一般的な日本の会社を念頭に置き、役職を「社長・役員・部長・課長・一般社員」と分類してきた。しかし、もう少し話をシンプルにするために、そして日本の会社以外でも使えるように、役職の分類をシンプルにしよう。「プレイヤー」「マネージャー」「リーダー」の3分類だ。

ここで、「プレイヤー」とはいわゆる一般社員、平社員のことで、現場で実際に動いている人たちだ。たとえばお客さんをまわって営業していたり、工場で手を動かしてものを作っていたりする。

「マネージャー」とは要するに管理職のことで、会社でいえば課長や部長を指す。では、係長や主任についてはマネージャーに分類されるのかそれともプレイヤーなのか？　ということが気になる人がいるかもしれない。「うちの会社では、係長は管理職ではなく一般職扱いですがプレイヤーなのでしょうか？」とか、「部下がいない課長はマネージャーに入るのでしょうか？」という具合だ。しかし、ここでは明確な線引きはあまり気にしなくていい。2つの分類の中間に位置する

役職と抽象度の関係

《左》具体 ←→ 抽象《右》

プレイヤー 一般職	マネージャー 管理職	リーダー 経営者
・現場	・収支	・経営理念
・作業	・ビジネスモデル	・文化
・担当	・組織	・哲学
・1日～	・制度	・組織全体
	・部署	・10年～
	・1ヶ月～1年	

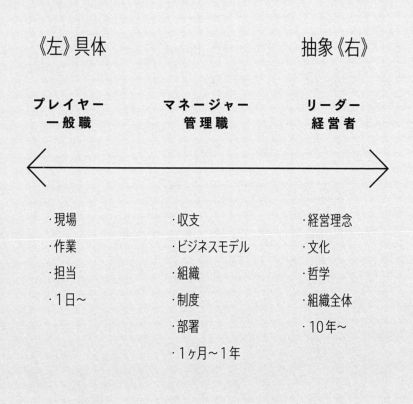

人はたくさんいるし、複数の分類に同時に位置する人もたくさんいる。

「リーダー」とは組織のトップに立って他のみんなを引っ張っていく人だ。会社では社長やCEOのような経営者がこれにあたる。国だったら、大統領や首相のことを指す。ここでも、「社長と会長はどちらがリーダーなのですか？」というようなことはあまり気にしない。リーダーが複数人いる組織は存在するし、そもそも本当のリーダーがいない組織も、不幸だが存在する。なにより、頭に入れておいていただきたいのは、ここでの**「プレイヤー」「マネージャー」「リーダー」とは、肩書で決まるものではない。「何を考えているか」で決まる**のだ。

いちばん《左》に位置する「プレイヤー」は、実際に「作業」をすることで価値を作り出す人だ。責任を持つ範囲は比較的狭く、何か一部分に特化することが多い。営業の仕事であれば「担当はこの何社」とか、工場の仕事であれば「この製造ラインのこの部分」という具合だ。時間的な責任範囲も、1日から1ヶ月ぐらいの短時間であることが多い。プロ野球のプレイヤーであれば1打席1打席、1球1球が勝負になる。ここで打たねば、次の打席は永遠にこないかもしれないのだ。

「プレイヤー」から少し《右》に寄って「マネージャー」の領域になると、仕事は抽象的なことが増えてくる。売上と経費をコントロールして収支を管理するとか、ビジネスモデルを組み立てるとか、あるいは、多数の部下をまとめるための組織作りや制度作りをする、といったことで、管理職は価値を生み出す。

責任を持つ範囲は、プレイヤーより広くなり、「営業部全体」とか「経理課全体」というように、ある部署全体の面倒をみることになる。

時間的な責任範囲も長期間になり、1ヶ月〜1年ぐらいで責任を持つことが多い。あなたの組織に時給の課長や日雇いの部長はいないと思うが、その理由は、責任を持つ時間軸の長さのせいである。ほぼすべての管理職は、月給か年俸で働いているはずだ。プロ野球の監督は、1アウトや1試合の結果よりも年間優勝にコミットしているだろう。

「マネージャー」からもっと《右》に移動すると経営者や大統領などの「リーダー」の領域だ。この領域では、価値を生む仕事はさらに抽象的になる。会社であれば、会社の向かう方向性を決める経営理念を考え、組織を支える文化や哲学を生み出すのがリーダーの仕事だ。リーダーの責任範囲はもちろん組織全体で、もし会社の部署間で利害が対立して協力が進まなかったりしたら、そこを調整し、みんなを納得させるのが経営者の役割になる。

リーダーが考えるべき時間軸は、マネージャーよりさらに長期間になる。組織の向かう方向性が1ヶ月ごとに変わってはドタバタしすぎでついていけない。おそらく1年ぐらいが最小単位で、できれば10年以上の先を見据えて経営理念を打ち立てたい。国のリーダーである大統領や首相の任期は、3年から6年が普通だ。1年程度でリーダーが交代することは、望ましいとされていない。

あなたの組織が階層構造になっている理由は、上の階層の人が下の階層の人に命令するためではない。考えるべき抽象度を、《左》から《右》まで役割分担するためなのだ。

有能なプレイヤーは、
《左》から《右》に
移動する。

・プレイヤーと往復運動

あなたの所属する組織が階層構造になっている理由は、考えるべき抽象度を役割分担するためだと書いた。《左》担当の人ほど、現場の具体的な作業、この一瞬にやるべきことに集中し、《右》担当の人ほど組織全体が長期間で行うビジョンを考えるべきなのだ。

ただ、どうしても誤解してもらいたくないことがある。**私は、「現場のスタッフは自分のことだけ考えていればいい」とか、「経営者は経営理念を語っていればいい」と言っているのではない。むしろ逆だ。**現場のプレイヤーほど「抽象的な」理念を理解すべきだし、大きな組織のリーダーほど「具体的な」現場で起こっていることに気を配るべきだと思っている。

この本のテーマは、「思考とは、具体化と抽象化の往復運動である」というものである。そして、その運動の距離が長いほど、スピードが速いほど、回数が多いほど「頭がいい」としてきた。**具体的な《左》の世界と抽象的な《右》の世界を自由に移動できる人が「頭がいい人」なのだ。**この定義に基づけば、「自分のことしか考えられない現場のスタッフ」や「経営理念を語っているだけの経営者」は、「頭が悪い」ことになる。
もちろん、自分の担当する領域だけに集中し、しっかり成果を出している人はたくさんいるし、それでうまくいっているなら問題ない。しかし、**何かうまくいっていなかったり変えるべき現状があるならば、《左右》を移動することを考えなくてはならない。頭を使う必要があるのだ。**

たとえば、あなたがカフェの店員で、お客さんにコーヒーを淹れるのが仕事だとしよう。そして、毎日おいしいコーヒーを淹れることに成功していて、お客さんからも「いつもおいしいコーヒーをありがとう」という感謝の言葉をもらっている。

これはこれで素晴らしいことだが、もしあなたがこのカフェの店長になりたいのだとすると、もう少し《右》のことも考える必要がある。《右》とは、店舗全体のこと、収支のこと、1年単位ぐらいの長期間のことなどである。お店で使っているコーヒー豆がなくなったらどこから仕入れればいいのだろうか？　スタッフはどうやって採用すればいいのだろうか？　お客が減ってきたらどうやってお客さんを集めればよいのだろうか？

もしあなたがカフェの世界的なチェーンの経営者を目指すなら、さらに大きな《右》のことも考えなければならない。大きな《右》とは、長期のビジョンや文化、哲学のことである。例として、スターバックスを成功させたハワード・シュルツは、「スターバックスの店舗は単なるコーヒー屋ではなく、自宅でも職場でもない第三の場所である」というビジョンを打ち出した。

あなたはカフェ業界をどうしたいのだろうか？　社会に何を提供したいのだろうか？　世界にどんな文化を広めたいのだろうか？　これらの質問に答え、実行するには1年や2年の期間では短いはずだ。10年、20年単位の長期計画が必要になってくる。

カフェの店員としては、目の前のお客さんに香り高いコーヒーを淹れることがいちばん重要な仕事であり、この仕事には集中して成果を出さなければいけない。だが、**もしお店をもっとよくしたい、キャリアアップしたい、あるいは世界を変えたいと思うならば思考を抽象的な《右》に持っていく必要がある**ということだ。

仮にあなたがカフェの店員を続けたくて、店長や経営者になるつもりがなくても、優秀で頭がよい店員とは、やっぱり目の前のお客さんを喜ばせるだけの人ではない。お店全体や業界全体、そして世界全体のことを考えることができる人のことだ。あなたが行動することで、お客さんだけでなく、お店のスタッフ全員や社会の人みんなを笑顔にすることができればどんなに素晴らしいだろうか。

有能なリーダーは、

・リーダーと往復運動

《右》から《左》そして《右》に移動する。

もしあなたが会社の経営者だったら、**経営理念を持って組織の向かう方向を指し示し、会社の文化を作り上げて社員と共有するのが仕事**である。

とはいえ実際には、このような抽象的な仕事「だけ」をしている経営者はほんの少数だろう。毎月の売上や資金繰りに奔走し、いざとなったら最前線で営業をする必要がある。どちらかというと、日々現場に足を運び、五感で自社の仕事を感じることを忘れない経営者のほうが「頭がいい」と言える。

松下電器産業（現パナソニック）の創業者であり経営の神様と呼ばれる松下幸之助も、会社がピンチになったときには69歳にして販売代理店をまわり、営業現場の陣頭指揮をとったという。トップ自身が具体的に行動するからこそ、理念や哲学が社員に伝わるものなのだ。

経営者たるもの、必要とあらばいつでも《左》の世界に移動できなくてはならない。

ただ、このときの松下幸之助のように、経営者が自ら営業現場に行かないといけないということは、それはそもそも、会社組織の何かがおかしくなっている非常事態である。営業部長や営業マンの仕事が信用ならないということなのだ。

こんなときに疑ってもらいたいのは、あなたにしかできない《右》の仕事は正しく行われているのだろうか？　ということである。

経営者であるあなたが《左》の仕事ばかりに集中しなければならないということは、もう少し《右》の、組織制度やビジネスモデルに問題がある可能性があるということだ。もっと言えば、さらに《右》の階層である会社の文化や哲学がおかしくなっているから、連鎖的に現場がおかしくなっているのかもしれない。

本来、《右》の世界とは抽象的概念的であって、見たり触ったりすることが難しい。《右》を担当するトップの出来不出来は見えにくいものである。ところが、《右》でのできごとは《左》の世界に見える形で現れる。**組織の《左》側である現場を見ることで、直接は見えない《右》側である、経営者の仕事の出来不出来がわかる**のだ。

もしあなたが経営者であって、「部下が頼りない」とか「現場がだらけている」とか感じるときがあったら、それはあなたの作っている**経営理念や企業文化が表に出ている**のである。経営者としての《右》の仕事はなされているのだろうか？

いい組織の
メンバーは、
階層を自由に
移動する。

・ヒエラルキーを区切る線

よくある組織図であるピラミッドを、横に90度回転してもらった。そして、こっそりではあるが、私はさらに階層を分ける線（ピラミッドの一階と二階、二階と三階を分ける天井と床）を取り去った。これが先ほどの図（140ページ）である。

90度回転してもらったのは《左右》の抽象度と役職を対応させるためであるが、線を取り去ったのは、**あなたに自由に移動してもらいたいから**である。何度も言うが、具体と抽象の間を行ったり来たりすることこそが「思考」だ。

働いている人なら、誰でもそれなりのキャリアプランがあると思う。「社長になりたい」とか、「課長ぐらいの役職は欲しい」とか、「部下の世話をするのは面倒なのでそれよりも好きなことをやっていたい」とかだ。あるいは「組織のピラミッドに縛られず自由に生きていきたい」という人もいるだろう。

キャリアプランについて考えることは人それぞれである。しかし、いずれにしろ、そのキャリアプランを考えるときには、ピラミッドでなくてこの**《左右》の抽象度を頭に置いてほしい。そして、好きな場所を選んでほしい**のだ。

キャリアプランを立てるときは

《左》具体　　　　　　　　　　　　抽象《右》

プレイヤー 一般職	**マネージャー 管理職**	**リーダー 経営者**
・現場	・収支	・経営理念
・作業	・ビジネスモデル	・文化
・担当	・組織	・哲学
・1日〜	・制度	・組織全体
	・部署	・10年〜
	・1ヶ月〜1年	

「私が好きな(得意な)抽象度はどこ?」

誰もが、好きな範囲、そして得意な範囲がある。具体的なことが好きな人と抽象的なことが好きな人がいる。短期が好きな人と長期が好きな人がいる。個別が好きな人と全体が好きな人がいる。プレイヤーを選ぶのかマネージャーを選ぶのか、それともリーダーを選ぶのか、その選択には「自分の好きな抽象度の範囲」を考慮にいれたほうがいい。やはり、好きなほうが得意になる。

もっとも、「私は具体的なことが好きだけど管理職になりたい」というように、自分の得意とする抽象度と違う役割を選びたい人もいるだろう。もちろんそれでもＯＫだが、この場合は管理職が担当する「抽象的なこと」もそれなりにこなす必要がある。

ピラミッドを横にすると、いままで床や天井だった「仕切り」を取り払うことができる。建物に床がないと、全員が地面に落ちてしまって非常に困るが、隣どうしの部屋をつなぐ壁はそうでもない。必要であれば壁を作って部屋を分けてもよいが、部屋をつなげて使ってもよい。そうすれば、中にいる人は自由に移動できるようになる。

ピラミッドが重力から解放されれば、定員の規定も必要なくなる。**下の階層より上の階層のほうが人数が少なくなければならないというのは、ピラミッド型の思い込み**である。部長より課長の人数が多い必要はどこにあるのだろうか？

どの抽象度で物事を考えるのかは、完全にあなたの自由である。

部長と同じことを考えれば部長の肩書と部長の給料がもらえるというわけではないが、「部長の抽象度」で物事を考えることは誰でもできる。

抽象度の選び方としては、あなたのつきたいポジションや得意なポジションを基にする他に、組織内での要請もあるだろう。たとえば、もし会社の中で「課長の抽象度」で考えている人が誰もいないとしたら、誰かがそこに行かないといけない。社長の抽象的な理念を、具体化して現場に運ぶ人がいないのだ。思考が連続した結果として、**理想のビジョンである《右》の世界と、現場の《左》の世界がスムーズにつながる組織がよい組織**だ。

あなた自身の好きなこと、やりたいこと、得意なことと、実際の職種役職を一致させるためには、《左右》の移動が必要だと思う。組織の運営をスムーズにするためにも、《左右》の移動が必要である。この移動は別に難しいことではない。なんの制約もなく、自由にできる移動なのだ。

なぜ新卒採用では、現場でいらない学歴を重視するのか？

・学歴社会の謎

「企業は、学校の勉強には何も期待していないのに、なぜ新卒採用では学歴を重視して選考するのだろうか？」

これは、現代の日本社会が持つ謎の1つである。

日本の大企業のほとんどが参加する経団連（日本経済団体連合会）の調査に、おもしろいものがあったので紹介しよう。

経団連は、毎年所属する企業を対象に「新卒採用に関するアンケート」という調査を行っているそうだが、その中に「選考にあたって特に重視した点」という項目がある。

このアンケートによると、日本の企業が新卒採用で重視する点は、応募者の「コミュニケーション能力（82・4％）」と「主体性（64・3％）」が圧倒的にウェイトが高い。この「コミュニケーション能力」と「主体性」がいったい何を指すのかというのも興味深いテーマではあるが、注目してもらいたいのは下のほうである。

新卒採用選考で特に重視した点（5つ選択）

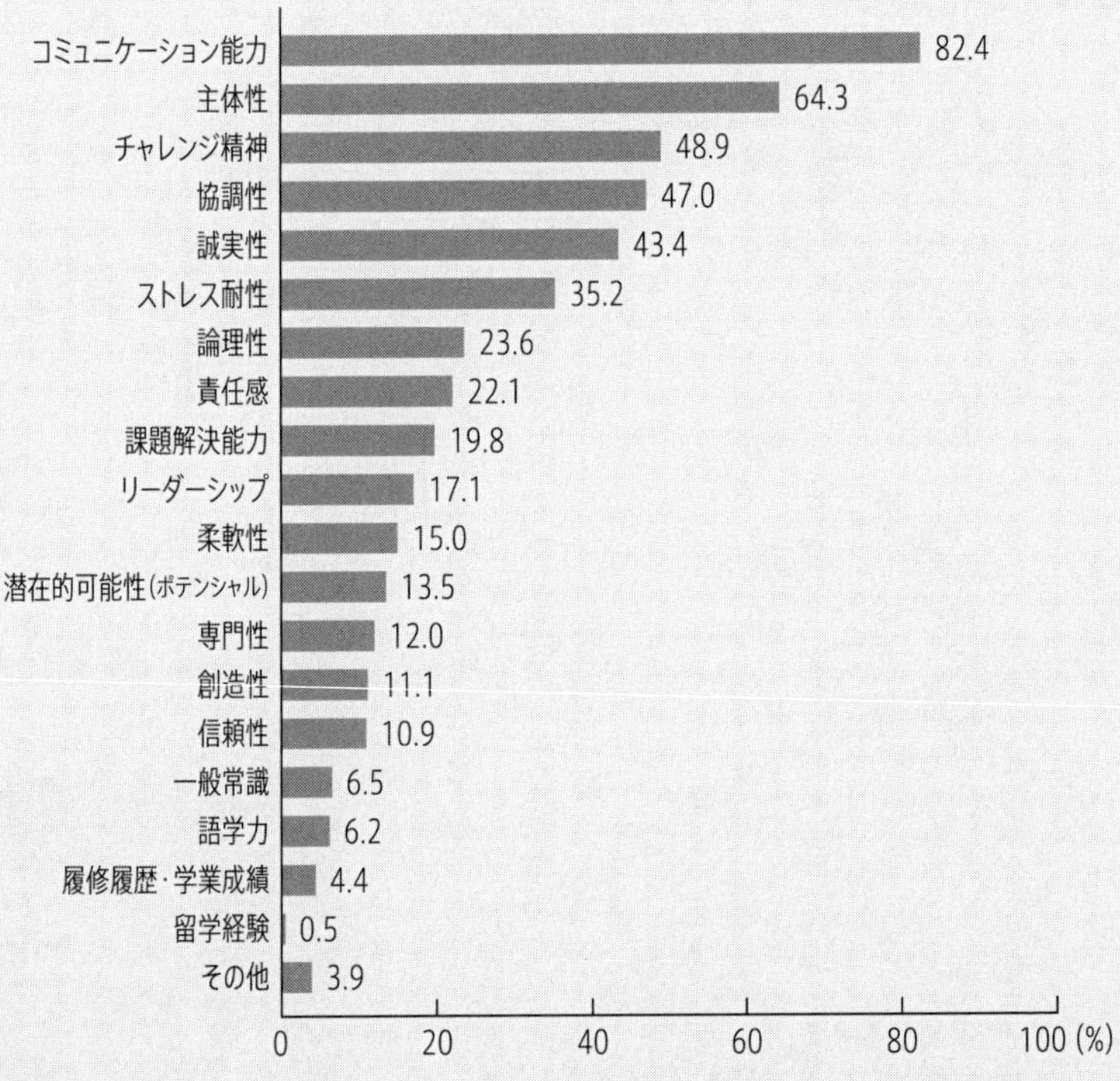

出典：一般社団法人 日本経済団体連合会　2018年度 新卒採用に関するアンケート
https://www.keidanren.or.jp/policy/2018/110.pdf

下からみると、最下位は「留学経験（0・5％）」からはじまり「履修履歴・学業成績（4・4％）」「語学力（6・2％）」「一般常識（6・5％）」と続く。**なんと、最下位争いをしているのは、学校で身につきそうな項目ばかりなのだ。**

これは経団連のアンケートなので、「日本の大企業」に限った話ではある。日本の中小企業や、アメリカの企業にアンケートをとったら、また違う結果になるかもしれない。それでも、経団連にはトヨタ自動車、三菱ＵＦＪ銀行などの伝統的な日本企業のみならず、ソフトバンクグループのような新興系企業も参加しているし、グーグル、アマゾンなどの外資系企業も含まれている。それらの企業がこぞって、**学校で修める学業は、重視していないどころか、採用にあたっていちばんどうでもいいものと考えている**のだ。

かといって、本当に企業が学業を無視しているかというとそうでもない。大企業がリクルーターを積極的に送り込むのは、旧帝大や早慶上智といった有名大学ばかりである。また、公然の秘密として、会社説明会の定員枠は大学名で変動する。無名大学の学生が満席で断られても、慶應義塾大学の学生が申し込むと空席があったりする。「新卒採用において学歴は重視しない」と言いながらも、やっぱり学歴重視の採用活動を行っているのだ。

この不思議な現象の理由は、「仕事の出来はその人の学歴を見てもわからないが、統計的には、やはり学歴が高い人のほうが仕事ができる可能性も高い」と企業が判断しているせいだと言われている。

「高学歴でも低学歴でも、仕事ができるやつはできる。学歴にかかわらず仕事ができないやつはできない。でも確率的には高学歴のほうがハズレが少なくアタリが多い」と企業が感じているから、学歴を無視しつつ学歴を重視するという矛盾した採用方針が実行されているわけだ。

確率論としてはそうなのだろうが、もう少し厳密にこの現象を解明してみよう。なぜ学校の成績は仕事の成果にあまり関係しないのに、採用時には学歴が重視されるのだろうか？

結論は、**組織のトップや管理職には、抽象的な《右》の世界の思考力が必要だから**である。

学校の勉強では、基本的にインプット力、つまり《右》への思考力が要求される。《右》への思考力とは、本質を探り、体系化し、全体を理解する力である。学校での成績優秀者というのは、事柄を抽象化する訓練を受けてきた人とも言える。高学歴者は自動的に《右》の世界で考えてしまう人が多い。

一方で、大企業が新卒採用を行う際は、基本的には幹部候補生を集めることを目的にしている。管理職になり、将来的に経営幹部になるような人材を求めて採用活動しているのだ。管理職や経営者層では、管理力や企画力のような、抽象的な《右》の世界の思考を要求されるが、高学歴者はこの部分については能力が担保されていると見てよい。この意味で、企業は求める人材をちゃんと獲得している。

ただし、こうして採用された高学歴の新入社員も、会社に入って最初にやるのは具体的な現場である《左》の仕事が多い。そうなると、いままで「抽象」に向かう方向ばかり考えてきたのに、突然「具体」向きの思考を要求されてとまどうことになる。ここで思考の方向転換に対応できないと、いわゆる「仕事ができない高学歴」が生まれることになる。

現場力である《左》の世界の能力に関しては、仕事の出来と学歴は本当に関係がない。学歴には関係なくできるやつはできるし、できないやつはできない。むしろ、下手に高学歴のほうが、《左》の世界に適応できなくてできないやつに見える。

ところが、**抽象的な仕事を担当させる管理職に誰を任命しようか……という段階になると抽象的な思考に慣れた高学歴のほうが、仕事ができるように見えてくる**のだ。

これが、「学歴と仕事の出来は関係ないけどやっぱり学歴は大事」という謎の正体だ。

《左》のプレイヤー職をする分には学校の勉強はまるで関係がないが、《右》側の管理職をしようとすると学校で培った抽象化能力が生きてくる。

ただ、そうだとすればやっぱり、**学力や学歴と仕事は関係なくて、「仕事に合った抽象度で思考ができるのか」が重要**になってくる。

いまさら学歴を変えることは難しい人でも、思考を変えることはいますぐにできる。

論理的思考力ではなく、抽象化能力が身につく。

・数学を学ぶ真の意味

「数学って、何のために勉強するの？」

中高生に数学を教えていると、必ず出てくる質問である。特に、数学が嫌いな生徒、苦手な生徒はまず間違いなくこの疑問を感じるようになる。

確かに、二次方程式の解の公式を一生懸命覚えたところで、実生活で役に立つことはほぼない。なんで、このような役に立たないことを無理やり勉強させられなければならないのだろうか？　自然な疑問だと思う。そして、この質問に適切に答えられる大人はほとんどいない。

小学校で習う算数は、実用性がわかりやすい。足し算や引き算ができないと買い物ができない。小数の掛け算ができないと消費税が計算できない。時計が読めないと待ち合わせに困る。算数の勉強は必要だ。

ところが、中学校で習う数学からは実用性が怪しくなってくる。xとyの連立方程式あたりなら、ギリギリ実際の生活で使えそうな場面も考えられるが、生活の中で因数分解や二次関数を活用する場面はほとんどない。高校の数学に至っては「実際には存在しない虚数」まで登場する。なぜ実際に存在しないものまで勉強しないといけないのだろうか？

数学が実用から離れるに従い、数学嫌いの生徒も急増していく。学校の先生たちは生徒を無理やり勉強させるのに大変だ。

それでも学校で数学が教えられるいちばんの理由は、**数学が現代文明を支えているから**である。もし世界から数学が消えれば、あなたが持っているスマートフォンがなくなるのはもちろん、発電もできなければ、自動車も存在しない。あなたの家も次の台風で吹き飛ばされる可能性が高い。数学がなければ、人類の文明は石器時代まで戻ってしまうことになる。数学は人類に必要なのだ。

とはいうものの、数学を使って現代文明に貢献しているのは一部の技術者と科学者だけであり、そうした人々は全国民の１割もいないのではなかろうか？　という大きな疑問は残る。**残りの９割の国民に無理やり勉強させるのは、学校教育の効率を大きく落としているのではないだろうか？**　にもかかわらず、高校までの数学はほぼ全員が履修しなければいけないことになっているし、文系であっても大学入試の主要科目に数学が入っている。

とある県知事が、教育行政について「高校で女の子にサイン、コサイン、タンジェントを教えて何になるのか。社会の事象とか、植物の花とか草の名前を教えたほうがいい」と発言して問題になったことがある。女性蔑視であるとして問題にされたが、別に男の子であっても状況は同じだ。男子高校生の9割は、大人になってもサイン、コサイン、タンジェントを使わずに生きていくことだろう。

社会にとって数学が必要であることは誰もが認めるものの、国民全員が学ぶ必要はなく、一部の数学が得意な人、好きな人、必要な人だけが学べば十分ではないかという意見は根強くある。貴重な青春時代に大きなエネルギーを割いて勉強を強制する価値はあるのだろうか？

「国民全員が数学を勉強する必要がないのではないか？」という疑問に対するよくある答えは、「数学は論理的思考力を育てる」という意見である。論理的思考力は国民全員に必要なので、国民全員が勉強する理由になるというものだ。

説得力があるように聞こえるが、もしこの「論理的」が三段論法（AならばB、

BならばCであるとき、AならばC、という論法）や背理法（ある主張Aを証明するのに、Aでないという前提からは矛盾が生ずると示すことで行う証明法）のような論理性を指すのであれば、残念ながらこの意見は間違っている。

少なくとも高校レベルまでの数学では、この意味での論理性はほとんど求められていない。一部の証明問題に使うだけである。むしろ、大部分の数学の問題は、論理的に考えても解くことはできない。「（高校までの）数学の問題は論理的に考えるべきではない」という考えは、数学ができる人ほど同意してくれる。もし「数学の問題は論理的に解きましょうね」と指導している数学の先生がいたら大いに誤解を生む指導だ。

ではいったい数学を勉強する目的は何なのか？　本当のところ、学校の勉強の中で**数学という科目が持つ特徴は「論理性」ではない。「抽象性」だ。**

小学校の算数では、数字や加減乗除のような四則演算を習う。この時点で、実は物事はかなり抽象的になっている。

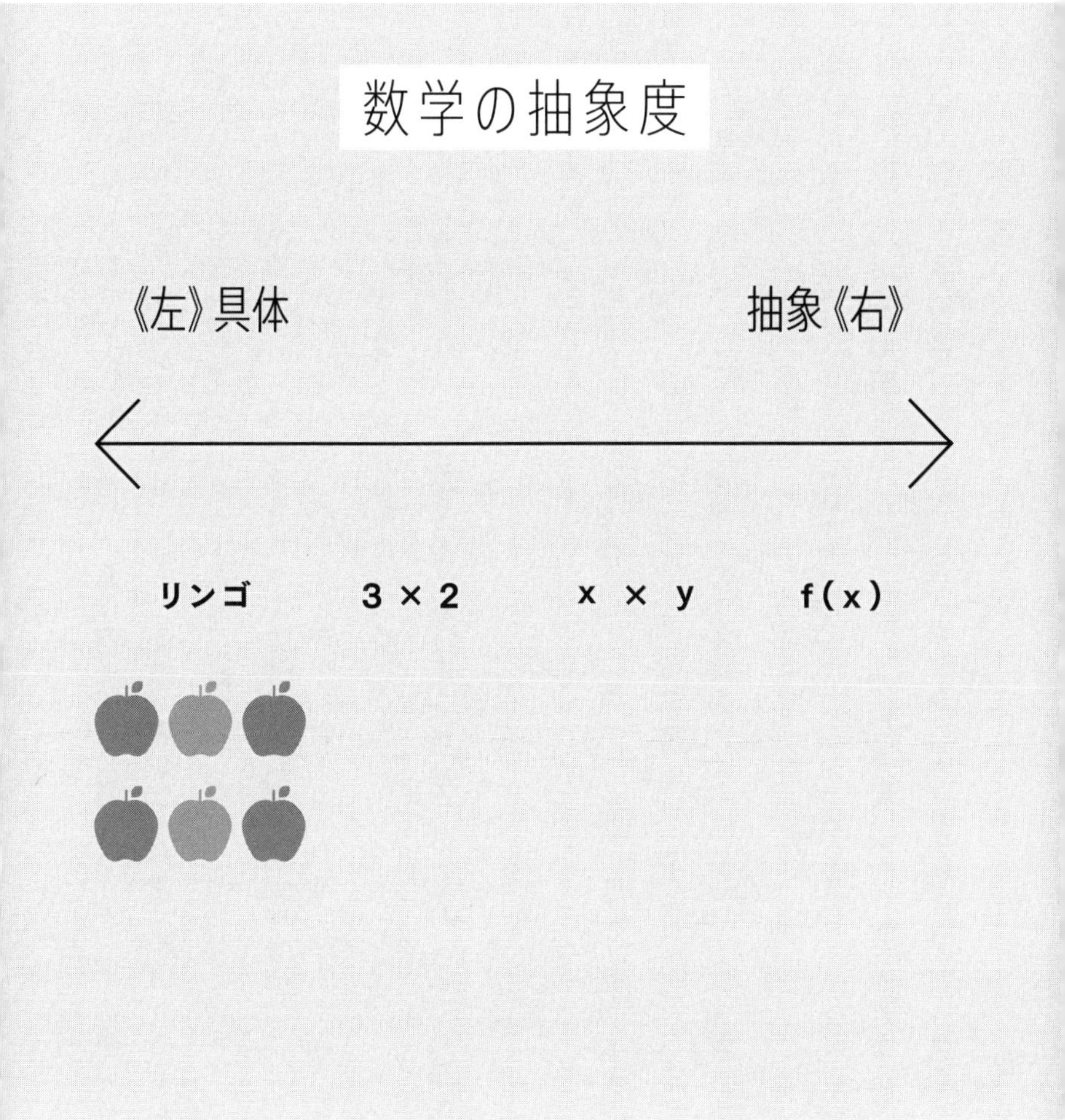
数学の抽象度
《左》具体
抽象《右》
リンゴ
3 × 2
x × y
f(x)

「3×2」という数式があったとき、これは何を指すのだろうか？　この数式は、たとえば「お皿にリンゴが3つ載っている。そのお皿が2つある」ということを示している。リンゴの数を「3×2」という数字で表しているのだ。「数字」というのは人類の大発明で、これによってあらゆるものを数えられるようになった。お皿に載っているのがリンゴでなくてミカンでもスイカでも、同じ「3×2」という数字で数えられるようになったのだ。

小学校で習う算数によって、リンゴは「数字」に抽象化された。《右》に移動して便利に使えるようになったわけだ。

ただし、リンゴを抽象化した代償も生まれた。リンゴが持っていた酸っぱい味や甘い匂いは、「3×2」という数字からは感じることができない。《左》の持っていた、五感で感じられるという素晴らしい特性も失われてしまったのだ。

中学校の数学では、「3×2」ではなく「x×y」のような「文字」がメインになる。「数字」は、さらに抽象化されて「文字」になった。「x×y」と書くことによって、「3×2」だけでなく「5×4」も「8×100」も同時に表せるようになった。お皿に載せるリンゴの数は、何個でも大丈夫になったのだ。

ただし、《右》に抽象化した代償として、さらに《左》の特性は失われる。「x×y」という数式からは、リンゴの味や匂いどころか、姿を思い浮かべるのも難しい。数学嫌いが急速に増えるのもこの中学数学からである。抽象的になって五感で捉えられなくなってきたので、「わかりにくい」「何をしているのかわからない」と言われるようになる。

高校の数学では、文字式はさらに抽象的になって「xの関数f(x)」のように表現される。ここまでくると、たとえこの「f(x)」がリンゴの数を数えるための数式だとしても、リンゴを思い浮かべるのは非常に難しい。

数学はこの先、「実際には存在しない虚数i」が出てきたり「無限次元のベクトル」を語りだすようになる。虚数i個のリンゴを数えたり、無限次元空間にリンゴを放り投げることは、イメージできないどころか本当にできない。**完全に《左》の「現実」を離れて、《右》の「概念」の世界になる**のだ。

数学は、先に進めば進むほど五感で感じることができなくなり、現実からも離れていく。なので嫌いになる人も多いのだが、「抽象的な思考」をするトレーニングとしては、確かに優れている。

「大部分の数学の問題は、論理的に考えても解くことができない」と書いたが、実は、中学校から高校にかけての数学の問題のほとんどは、抽象化と具体化をくり返すことによって解ける。

もしあなたがいま、「抽象的」なことを苦手と感じているなら、おそらくどこかの段階で「数学嫌い」になっていると思う。数学が苦手になったのは、中学生のときか、高校生のときか。そのときまで戻って、数学を学び直してみるのはおもしろい。必ず、いままで知らなかった《右》の世界に出会えるはずだ。

大人になって社会に出ると、どうしてもアウトプット重視になって《右》へのインプットが疎かになってしまう。ここで、インプットの楽しさを思い出して欲しい。

別に難しい問題やおもしろい問題を探す必要はなく、中学校や高校の教科書を読み返してみるだけだ。

ガリレオ・ガリレイは、「宇宙という書物は数学の言葉で書かれている」と語った。数学は思考の抽象度を上げ、ついには宇宙につながるのだ。

第5章

いますぐできる、頭をよくする思考方法。

脳トレ、将棋、速読？

頭をよくする方法とは。

・「頭がいい」って何なのか？

本当に効果がある「頭をよくする」方法を、世の中で見つけることはなかなか難しい。

ある種のパズルゲームで「脳トレ」をすると頭の働きがよくなるという主張がある。そのようなアプリもある。しかしどうやらこの種の「脳トレ」は、お年寄りのデイケアセンターでのリハビリなどで、認知症の進行を止めるにはある程度の効果があるようだが、これで健康な人のパフォーマンスがよくなるという実証結果はないようである。

その他にも、「クロスワードパズル」「将棋」などで頭を使ったり、「速読」「速聴」をすると頭の回転がよくなるという説もある。

これらの説を完全には否定はしないが、仮に効果があったとしても非常に微量で、時間対効果はよくないだろう。1日1時間クロスワードパズルをすると、どのくらい頭がよくなるのだろうか？　クロスワードパズルも将棋も、楽しければすればよいが、頭のトレーニングを目的とするなら非常に非効率である。

速読・速聴なども、その読む内容、聴く内容がおもしろくて役に立つものであれば、もちろん読んだり聴いたりすればよい。しかし、基本的に、2倍速で本を読んでも、その本を読む時間が半分になるだけである。それはそれで時間の効率化ではあるが、その本に対する理解力が上がったり、読んでいない他の本の内容がわかったりはしない。（しかし、私がここで提唱している思考方法を使えば、なんと、その本の内容に対する理解が深まるのみならず、他の本の内容までわかったりもする！）

「睡眠時間を確保する」とか「栄養をしっかりとる」「適度な運動をする」といった、生活習慣の改善で頭の働きがよくなるという説もある。これはこれで重要ではあるが、それでも自分の本来のパフォーマンスを100％発揮できるようになるだけで、自分の力が2倍になったり3倍になったりするものではない。

さて、このように一般には「頭をよくする方法」はなかなか見つからないし、あったとしても効果が低そうなものばかりだ。その理由は、「そもそも頭のよさって何」という定義が曖昧だったせいだ。

試しに、weblio類語辞典で「賢《かしこ》い」を調べてみると、「賢い」は以下のような意義に分類されたうえで、そこに当てはまる別の言葉が紹介されている。

・思考や判断が優れているさま
・物事を考えるスピードが速いさま
・高い知性があるさま
・物事の道理をよく理解しているさま
・人の言動などに知性が感じられるさま

どれも間違いではないが、「思考が優れている」とか「高い知性」とはどういうことだろうか？　ここでは5つの意義が掲載されているが、これで必要十分なのだろうか？　やはりわかりにくく、議論があまり前進しない。

本書では、**「思考とは抽象と具体の往復運動である」**と定義した。

そして、頭のよさとは、

・「具体」と「抽象」の距離が長い
・「具体化」と「抽象化」のスピードが速い
・「具体化」と「抽象化」の回数が多い

の3つであると定義した。

念の為、先ほどの類語辞典の記述を本書の定義で表現できるか確認してみよう。

・思考や判断が優れているさま（「具体化」も「抽象化」も上手である）
・物事を考えるスピードが速いさま（「具体化」と「抽象化」のスピードが速い）
・高い知性があるさま（「具体」と「抽象」の距離が長い）
・物事の道理をよく理解しているさま（具体的な物事を、正しく「抽象化」している）
・人の言動などに知性が感じられるさま（抽象的概念を、正しく「具体化」している）

「思考」と「頭のよさ」を定義することで、**どんな人でもいますぐ頭がよくなることができる。**いまより少しでも具体と抽象の距離を延ばしたり、具体化と抽象化のスピードを速めたり、具体化と抽象化の回数を増やすだけで、それだけ頭がよくなるのだ。

そして、その効果は10％とか20％の僅かなものではない。**もし距離を2倍にすれば2倍、さらにスピードを2倍にすれば4倍、さらに回数を2倍にすれば8倍というような劇的な効果がある**のだ。

しかも、これらの抽象化と具体化の往復運動を得意にするには、練習は必要だが「脳トレ」のような基礎トレーニングが必要なわけではない。**日常の中で、少し考え方を変えるだけで実行可能**なのである。

「5W1H」を使えば、《右》《左》に思考を寄せられる。

・質問の力

考えを、抽象的な《右》に寄せたり具体的な《左》に寄せるためにはどうすればよいのであろうか？

いちばん簡単でかつ強力な方法は、**抽象度を変える「質問」を自分にする**ことだ。抽象度を操作する「質問」はいくつかあるが、その中でもっとも実用性が高くておすすめできるのは、**「5W1H」の質問**である。

5W1Hとは、

- When（いつ？）
- Where（どこで？）
- Who（だれが？）
- What（なにを？）
- Why（なぜ？）
- How（どのように？／どれくらい？）

の頭文字だ。

最後の「How」を、「How to（どのように？）」と「How much（どれくらい？）」の2つに分類して「5W2H」とすることもある。今回は、5W1Hでも5W2Hでも、好きなほうを使ってもらって構わない。

この、「いつ？」「どこで？」「だれが？」「なにを？」「なぜ？」「どのように？／どれくらい？」という質問を使うだけで、抽象度の移動は格段に自由になるのだ。

「5W1H」とはあまりにも有名な質問で、小学校でも教えられているほど一般的だ。この、小学生でも知っている簡単な言葉で頭がよくなるとは信じられないかもしれないが、「思考」とは実は驚くほど単純なメカニズムで動いている。何度も話しているように、**思考には、抽象化と具体化の2方向しかない。**

ポイントは、**5W1Hのうち「Why（なぜ？）」だけが抽象的な《右》に向かう質問であり、残りの4W1Hはすべて具体的な《左》に向かう質問である**ということだ。

5W1H

《左》具体 ←→ 抽象《右》

4W1H

- When（いつ？）
- Where（どこで？）
- Who（だれが？）
- What（なにを？）
- How（どのように？／どれくらい？）

1W

- Why（なぜ？）

《右》向きの思考をしたければ「Why（なぜ？）」という質問をし、《左》向きの思考をしたければ残りの４Ｗ１Ｈの質問をすればよい。

たとえば、あなたが会社の上司からこんな指示を受けたとしよう。

「お客さんにダイレクトメールを送るから、印刷業者から見積もりをとって！」

やや曖昧なこの指示を実行するには、４Ｗ１Ｈの質問を自分にしたり、あるいは上司に確認したりして具体化させなければならない。

・When（いつ？）　発送はいつなのか？　納期はいつなのか？
・Where（どこで？）　どの工場で印刷するのか？　どの地域に発送するのか？
・Who（だれが？）　発送先のお客さんとは、上得意を指すのか見込み客を指すのか？　原稿はだれが作るのか？
・What（なにを？）　どんな封筒でどんな紙を使うのか？
・How（どのように？／どれくらい？）　いったい何部印刷するのか？　見積もりをとる手段は電話？　メール？　ファックス？

もしこれらの4W1Hを素早く具体化し、すぐに見積もりをとることができたら、かなり「できる」部下だろう。逆に、これらの項目にヌケやモレがあるまま実行すると、仕事の差し戻しや失敗につながる可能性がある。

印刷会社に「で、納期はいつなんですか?」と聞かれてから「社内に確認します!」と言っていては仕事が進まないし、頭がよさそうには見えない。価値を生まないどころか仕事の効率を落とす「使い走り」である。

仕事ができる上司ならば、そもそもここまで具体化してから指示を出せという意見もあるだろうが、今回の場合は、抽象的な上司の指示を具体化して実行することが、「頭のいい」部下であるあなたが生む価値だ。

以上が「頭のいい人」が《左》に具体化する例だが、同じ状況で《右》に抽象化してもよい。使うのは「Why(なぜ?)」という質問だ。

なぜ「Why(なぜ?)」という質問が抽象化の代表例なのか、違和感がある人もいるかもしれない。あまりにもシンプルな質問であるが、実はこれが、《右》方向に考えさせるいちばん強力な質問であって、他の4W1Hを束にしたのと同じぐらいの威力を持っているのだ。

「Why（なぜ？）」とは、目的を問う質問、本質を問う質問である。そして、答えるにあたってはなるべく広範囲のことを同時に考えざるを得ない。その答えがいまここで役に立つケースは多くないが、全体や本質には大きく近づくのである。

上司から「お客さんにダイレクトメールを送るから、印刷業者から見積もりをとって！」と言われたら、考えるべきは「なぜ」こんな仕事が生まれたのかということである。

お客さんにダイレクトメールを送る目的は何なのだろう？　購買の申込みを受け付けるためなのだろうか？　それとも、単に来店を促すためなのだろうか？

この質問に答えるには、会社全体のビジネスモデルを知る必要がある。逆に言うと、この質問に答える中で、会社のビジネスモデルがわかってくる。もしダイレクトメールを送る目的が「来店を促すため」だとしたら、会社はどこで売上を立てているのだろう？　来店したお客さんに何かを買ってもらう仕組みが社内にあるはずだ。ダイレクトメールの発送と同時に、接客係が増員されるかもしれない。

こうして、いま自分は会社のことを何も知らない新入社員やアルバイトだったとしても、会社全体の戦略や他の部署の動きについてわかってくる。

他にも、「なぜ」上司はダイレクトメールを送りたいのだろう？　という疑問も考えられる。上司が自分で発案したことなのだろうか？　それとも社長の指示なのだろうか？　社長の指示は「なんでもいいから売上を上げろ」であって、それを具体化したのが上司の指示かもしれない。

こうして考えることで、あなたの会社の組織や指示系統がどうなっているかがわかってくる。

あるいは、「なぜ」他の人でなくあなたにこの仕事がまわってきたのだろうか？　と考えてみるのもよい。上司があなたにやらせた理由は、これが雑用だからなのだろうか？　それとも、重要な仕事だからあなたに任せたのだろうか？

この疑問に答える過程で、会社の教育制度やあなたのキャリアプランが見えてくるはずだ。

このように、「Why（なぜ？）」という質問をすることで、ビジネスモデルや組織形態、キャリアプランなどの、目の前の仕事より抽象的な、大きなものが見える。

《右》方向への思考は、時間軸が延び、関わる人も増えてくる。なので、目の前の仕事を素早くそつなくこなすためには逆効果であることもある。「考える暇があったら手を動かせ！」と言われるかもしれない。しかし、大きく長期的に考えることで、たとえば、「ダイレクトメールより効果的な販促手段があります！」と上司に提案できるかもしれない。会社のビジネスモデルや組織形態を踏まえたうえでこのような提案ができれば、やはりこれも「頭のいい」部下である。

あえて苦手なほうに、質問をする効果。

・《右》《左》の得手・不得手

「考える」とは、なんだか難しい行動だと思われているが、実際は非常にシンプルである。なんと、**「考える」には、5W1Hの質問を自分にするだけでよい**からだ。抽象化する《右》方向に考えるには「Why（なぜ？）」という質問をすればよい。具体化する《左》方向に考えるには4W1Hの質問をすればよい。

たったこれだけで全部の思考がカバーできるのか？　とあなたは疑うかもしれない。確かに、5W1Hに含まれない思考は存在する。そのうちいくつかは本書でも紹介していこう。しかし、実用上は、この5W1Hの質問を使いこなす「だけ」で思考は何段階もレベルアップする。

なぜなら、**あなたを含むほとんどの人は、思考に得意な方向と苦手な方向が存在しており、無意識的にいつも片方向にしか考えていない**からだ。

《右》が好きな人はいつも「Why?（なぜ?）」という質問ばかりを使い、《左》が好きな人はいつも4W1Hの質問ばかりを使っている。どんな人も抽象化か具体化どちらかが得意であり、《左右》双方にバランスよく考えている人などめったにいない。

あなたがもし、抽象化が好きで自然と「なぜ？」とばかり考えてしまう傾向があるならば、意識的に4W1Hを使って《左》方向に考えてみよう。逆に、具体化が好きで自然と「いつ？」「どこで？」「だれが？」「なにを？」「どのように？」が気になってしまうなら《右》向きに考えてみてほしい。

普段使わない方向の思考を、あえて意識的に使うことで思考力は鍛えられて、いままでになかったアイデアや行動が生まれるのだ。

かく言う私は、かなりの《右》好きで、放っておくと自然に抽象的なほうへと考えてしまう。どんな話を聞いても、「なぜそうなの？」「本当にそうなの？」「そもそもそれに意味があるの？」ということが気になってしまう。どうしても、背景、目的、理論、意味を知りたくなるのだ。ちなみに、「そもそも～」というのは《右》が好きな人の口癖である。詳しくは後ほど説明する。

反対に、《左》に考えることは私の苦手なところで、手段や具体例を必要とされる場面では動きが鈍くなる。

企業でサラリーマンをしていた頃、上司から仕事の指示を受けると、私はよく「なぜそんなことするんですか？」と返していた。「ふざけたこと言わずにさっさ

と仕事をしろ！」と怒鳴り返してこなかった上司はなんと優しかったのだろうと
いまになって思う。当時の私は「なぜ？」という質問は自然に出てくるけれど、
具体化する能力に乏しかったのだ。

4W1Hの質問を使うことで、私の《左》向きの思考は大いに改善された。具体例や実行プランをすぐに思いつくようになったのだ。

私と同じように、抽象化が得意で具体化が苦手だという人は、ぜひこの4W1Hを使ってほしい。これだけで、「頭がよくて仕事ができる人」に大変身できる。

私とは逆で、具体的なことが好きで「抽象的ってよくわからないなぁ……」という人に何はともあれ使ってもらいたいのが、「なぜ？」という質問である。

他にも抽象化する質問はあるのだが、これがもっとも使いやすくて、効果が高い。難しい言葉や理論を使わずとも、小学生はもちろん、幼稚園児にもできる簡単な質問で、あなたの頭は確実によくなるのである。

かなり頭がよいと思われている人も含め、多くの人は片方の思考を封印して生

活している。

抽象的で難しい言葉ばかり使っている大学教授などは、具体化を放棄している代表例だ。学者として本質を求め理論の完成度を高めるためには、抽象的にならざるを得ないのは理解できる。しかし、理論を具体的な言葉で説明することで、分かち合える人は増える。理論は具体化することで実際の役に立つのだ。頭のよい人は具体化を放棄したりしない。

どんな人でも、**普段使わない反対方向の思考を意識的にすることで、思考のバランスがよくなり、具体化と抽象化の動きがスムーズになる**のだ。

思考を《右》に動かす、魔法の言葉。

・抽象化する質問ワード

抽象化する（つまり思考を《右》側に動かす）質問には、次のようなものがある。

①「なぜ？」

5W1Hの1つとしても紹介したが、「なぜ？」がいちばん単純かつ強力な、抽象化するための質問だ。自分自身に「なぜ？」と問いかけることで、どんな対象でも深くて本質的な理解に近づくことができる。

人類の科学を発展させ歴史を進めてきたのは、「なぜリンゴは木から落ちるのだろうか？」「なぜ空は青いのだろうか？」「なぜ宇宙は存在するのだろうか？」という「なぜ？」の数々である。

ただし、**強力であるがゆえに、取り扱いは慎重にしなければならない**質問でもある。

まず、**「なぜ？」という質問を問いかけることは非常に簡単であるが、答えることは非常に難しい。**「なぜ？」という質問に、すぐに解答が見つかることはまれである。「なぜ?」と問いかけ、思考を抽象方向に動かすことには意味があるが、すぐに答えが見つかると思っていると失敗する。

たとえば、日本史で「本能寺の変」について、4W1Hの質問に答えることは比較的簡単である。「いつ、どこで、だれがだれに、本能寺の変を起こしたのか?」という質問には「天正10年(1582年)6月2日、京都の本能寺で、明智光秀が織田信長に対して起こした」と、かなり正確に答えることができる。

しかし、「なぜ本能寺の変は起きたのか?」という質問については、なかなかはっきり答えることができない。答えるためには、当時の社会情勢や現代に残された史料を総合的に捉えて考える必要があると思われる。そして、たくさんの歴史学者が何百年も研究しても、いまだに確実な答えはわかっていない。

同じように、あなたが現在仕事を持っているとして、「いつ、どこで、だれと、どうやって仕事をしていますか?」という4W1Hの質問には、比較的簡単かつ正確に答えることができると思う。

ところが、「あなたはなぜいまの仕事をしているのですか?」という質問には答えにくい。「給料をもらうため」かもしれないが、本当にそうだろうか? 「なぜ」給料をもらう必要があるのだろうか?

この質問の答えを考えることで、本当にあなたがやりたいことがわかってくるので、それを考える意味は大きい。しかし、簡単に答えが見つかるとは考えないほうがよいだろう。

また、「なぜ?」を使うときに必ず守ってもらいたいことがある。それは、**絶対、他の人に「なぜ」という質問を投げかけない**ということだ。**使うのは自分自身に対してだけ**にしてほしい。

本書で、私は何度も「なぜ?」を使っているので意外に感じるかもしれない。しかし、これまでかなり言葉を選んで、慎重に「なぜ?」を使ってきたのだ。

実は、コーチング業界やカウンセリング業界では、**「なぜ?」という質問は、強力すぎるがゆえに、使ってはいけない「禁断の質問」とされている。**

「なぜ？」は、あまりに強力で、相手に負担をかける質問である。

仮にあなたの部下がミスをしたとしよう。「なぜこんなことができないんだ！」と怒りたくなる。しかし、そんな怒り方をしても状況は改善しない。できない理由がわかっていたら、最初から失敗はしない。「なぜ？」と聞かれても部下は萎縮して何も言えなくなるだけなのだ。

もしミスの原因を究明して改善策を打ちたいのなら、むしろ4W1Hの質問を使って具体化したほうがよい。問題解決には、具体化だ。「いつ、どこで、だれが、どうした」からミスが発生したのだろうか？

反対にあなたが部下の立場で、上司から仕事をあてがわれたときも、「なぜこんな仕事をするんですか？」と聞いてはいけない。「うるさいから黙って仕事をしろ！」と言われるだけである。仕事が発生した理由を聞きたい場合は、「この仕事の目的は何ですか？」「この仕事のゴールは何ですか？」という言葉で質問するようにしよう。

心が弱っている人にも、「なぜ？」は禁句である。「なぜ？」は何回でも深掘りができる質問で、最後には「なぜあなたは生きているのですか？」という質問にたどりつく。そして、この質問に答えることができないと、心が弱っている場合は自殺にまで追い込まれかねない。だから、心理カウンセラーはクライアントに「いつから鬱で会社に行っていないのですか？」とは聞いても、「なぜ鬱で会社に行っていないのですか？」とは聞かない。

それほど強力な質問なのだ。

子どもに対して、「なんで宿題もせずにゲームしてるの！」というような質問をしても状況が改善する答えは返ってこない。もし子どもに「なぜ？」を聞くなら、「なぜお医者さんになりたいと思ったんだい？」というような、その先に子ども自身のポジティブな本質が見つかりそうな場合だけに限定して使うべきである。

②「要するに？」「つまり？」「まとめると？」

これらは、要約するための質問である。要約とは、長い文章や複雑な話を、なるべく簡潔に短くまとめることだ。ただ短くすればいいというわけではない。**重要なところ、大事なところ、いちばんおいしいところを抽出する**ことである。要するに（笑）抽象化だ。

ところで、子どもに国語を教える仕事をしていると、「長文問題がよくわからない」とか「どうしたら読解力が伸びるのでしょう？」という質問を受ける。この質問への答えとしてよく言われるのが「読解力を身につけるにはたくさん読書をすることです」というものだが、正直、1冊や2冊本を読んだところで読解力は身につかない。**国語の勉強として即効性があるのは「要約」のトレーニング**である。

新聞にしろ、雑誌にしろ、国語の教科書にしろ、長い文章になっているのは詳しく説明するためで、筆者が本当に伝えたいことは絞られる。「筆者の言いたいことは、要するに？」「つまり？」「まとめると？」という質問に答えることで、文章全体の中でいちばん重要なことが判明し、筆者が本当に伝えたいことがわかる。

読解力とは抽象化能力なのだ。

③ 「本当は?」

「本当はどうなの?」「本当にそうなの?」とは、表に出ている見た目ではなく、本質を問う質問である。表面を疑う質問でもある。

考えただけで隠れた本質がわかるとは限らないが、《右》方向に「動く」ことが重要である。

④ 「目的は?」

どうしても、人は手段に集中してしまい、目的を見失うことが多い。健康という目的のためにジョギングをはじめたのに、無理して走って体を壊すというようなことが起こる。だから、あえて意識して目的を問い直すのは必要なことだ。

「なぜ?」という質問は他人に使うと強力すぎるので、人に質問するときはこちらを使い、「目的は何ですか?」と聞くのがよい。

あなたが学ぶ目的、働く目的、生きる目的は何なのだろうか?

⑤「そもそも?」

抽象化が好きな人は、口癖のように「そもそも〜」と言う。そしてその後には、たいてい目的、理由、本質を問う質問が入る。「そもそも、このプロジェクトの目的は〜」「そもそも、私がこう言った理由は〜」「そもそも、本来この商品は〜」といった具合である。

逆に具体化のほうが好きな人は、この言葉を聞くと、「また○○さんのそもそも論がはじまったよ……」とゲンナリするかもしれない。**「そもそも」の後は必ず抽象化がはじまり、しばらく具体化に入れない**からである。なかなか強力な《右》への質問だ。

《右》に考えるのが苦手な人は、ときどき自分に「そもそも?」を問いかけてみるとよい。

逆に、「そもそも」が好きな人は使い方に注意が必要だ。あなたが会議でこの言葉を発した瞬間、いままでの議論がひっくり返り、会議がゼロからのスタートになる可能性を秘めている。もちろん、間違った前提や目的で行動するぐらいなら、会議を最初からやり直して正しい結論に導いたほうがよい。しかし、会議をひっくり返すときは、あなたにもそれなりの責任が発生するのだ。

思考を《左》に動かす、魔法の言葉。

・具体化する質問ワード

具体化する（つまり思考を《左》側に動かす）質問には、次のようなものがある。

①　4W1H

《左》方向へ具体化する質問の中では、やはり4W1H（「いつ？」「どこで？」「だれが？」「なにを？」「どのように？／どれくらい？」）が便利で使いやすい。難しいことを考えなくても、これだけでほぼヌケモレがなくなる。

さらにヌケモレを減らしたければ、「How」を細分化して「How to（どのように）」「How much（どれくらい）」「How many（数値化）」として使うのがよい。

数値化は、これもかなり強力な具体化ツールである。「なるはやでお願いします」だと曖昧で伝わりにくいが、「2日以内にお返事ください」と言えば具体的な緊急度が伝わる。

② たとえば？

《左》方向に具体化する質問で、4W1Hに並んで便利なのが「たとえば？」という質問だ。4W1Hと組み合わせてもよい。

「たとえば、どんなイヌ？」「たとえば、いつ使うの？」「たとえば、どこで見けるの？」「たとえば、だれのこと？」「たとえば、どうやるの？」という質問をすることで、より具体的に、よりわかりやすくなる。

③ TPO（時と場合による）

「TPOをわきまえた服装」という言葉がある。Time（時間）、Place（場所）、Occasion（場合）によって適切な服装が異なるという意味である。高級レストランで着るにはかっこいいスーツでも、アウトドアのバーベキューに着ていくと滑稽だ。

服装の話だけではなく、**何事も「時と場合による」**。

《右》方向が好きな私は、どうしても時と場所を超える「普遍の法則」や「絶対の正義」があるように信じこむ傾向があった。現実には、「普遍の法則」や「絶対の正義」といったものはなかなか存在しない。《右》方向の正しさにこだわると、考えが凝り固まって動けなくなってしまう。

私はこの「TPO」を使うようになってから、考えに柔軟性が増して楽になった。私と同じように、抽象方向が好きで具体化が苦手な人にはおすすめする質問（というより考え方）である。

4W1Hと似ているが、特に、**主張や理論が対立したときに有効**である。

たとえば、会社以外の場所で仕事をする「リモートワーク」を導入する会社が増えているが、このリモートワークは、仕事の効率を上げるという意見と、効率を下げるという意見がある。

東京の満員電車を見ていると、通勤電車がなくなるだけで日本の生産効率はアップするという主張にはうなずける。実際にやってみて、家やカフェで仕事をしたほうがはかどると証言する人も多い。一方で、仕事上のコミュニケーションが減ったり、ダラダラと長時間労働してしまうため、むしろ効率が落ちてしまうという主張もある。

リモートワークで仕事の効率は上がるのだろうか？　それとも下がるのだろうか？　難しい問題に思えるが、結論は「時と場合による」である。リモートワークで効率が上がる会社、上がる人もいれば、効率が下がる会社、下がる人もいるのだ。

白黒を決めるのが目的ではない。白黒はＴＰＯによって変わるので、どんな時どんな場合に白になり、どんな時どんな場合に黒になるかを議論したほうが建設的である。

リモートワークで効率が上がるのは、どんな業種の、どんな会社で、どんな人が行った場合なのだろうか？

「階層構造」を使えば、思考を可視化できる。

・フレームワークの活用

フレームワークとは、思考するための「型」のことである。一般的にフレームワークを使って思考するメリットと言われるのは次のようなものだ。

・複雑なことを考えなくても効率的に思考できる。
・思考のヌケモレをなくすことができる。
・可視化できるので他人に説明しやすい。

ビジネスで使われる有名なフレームワークとしては、「MECE」「PDCA」「3C分析」「SWOT分析」などがある。

なんだか小難しいな……と思われた方は安心してほしい。私はこれらのフレームワークを使ってもらおうとはしないし、説明する気もない。**こんな小難しいフレームワークをたくさん覚えることは一切不要**だ。

その代わり、ビジネスでもプライベートでも勉強でも使える万能のフレームワークをたった1つだけ紹介する。それが**「階層構造」**だ。

「階層構造」とは、「ピラミッド構造」「ロジックツリー」とも呼ばれる。一般的には、物事を何段階かにグルーピングして整理するためのフレームワークだ。

「階層構造」のフレームワークは上下のピラミッド型で図にされることが多いが、本書では横に表記する。もちろん、《右》側が抽象で《左》側が具体だ。本書では何度もこの「階層構造」の図が出てきたが、その理由はもちろん、**「階層構造」のフレームワークが、思考そのものを可視化できる**からである。

ただ、「階層構造」はあまりに有名なフレームワークであるし、有名なわりにはありがたみを感じた人は少ないだろう。ワープロソフトやプレゼンテーションソフトに最初からテンプレートが入っているのに、使われることは少ない。

実は、このフレームワークの使い方にはコツがある。使い方次第で、ワープロの中のいらない機能にもなるし、万能の威力を発揮することもできるのだ。

フレームワーク：階層構造

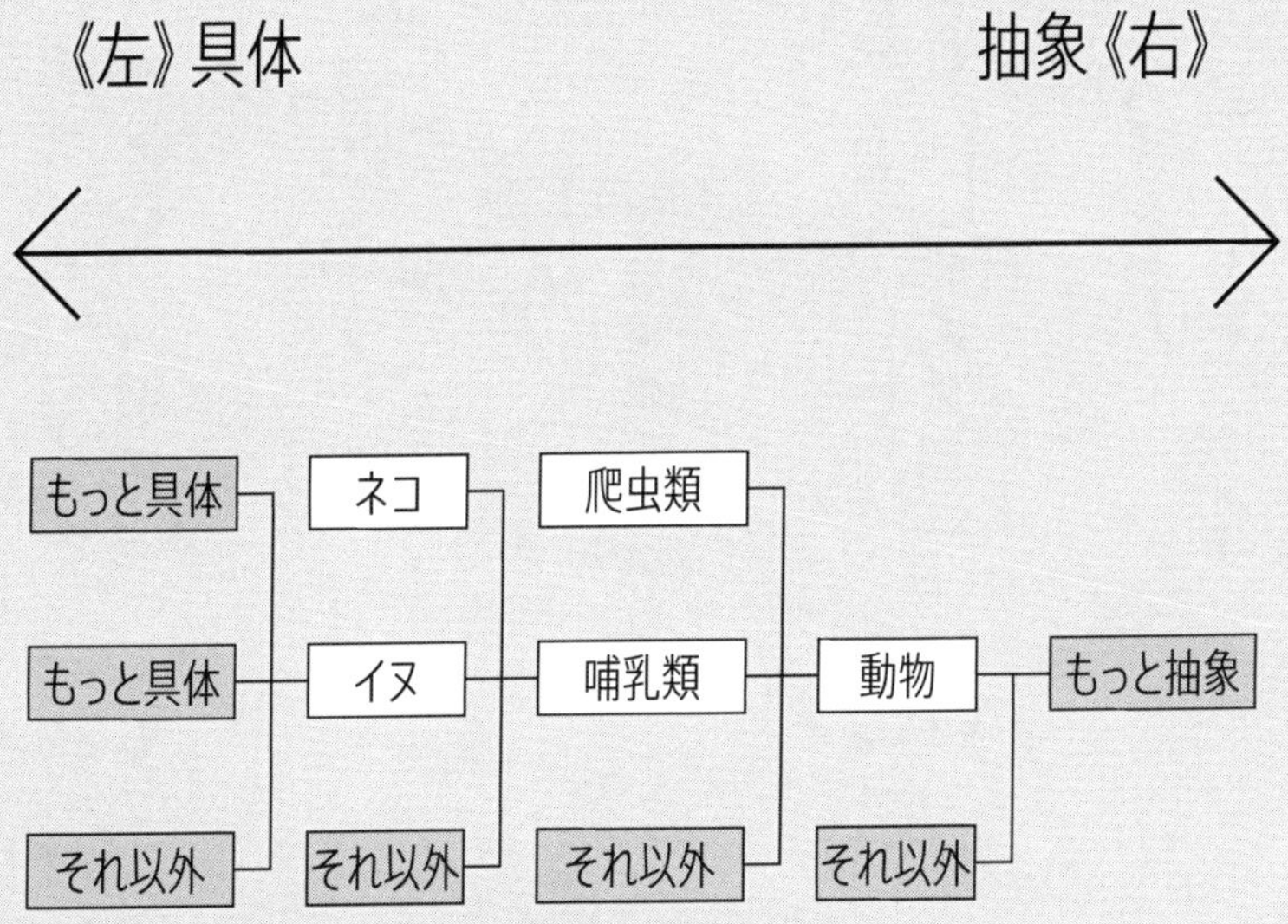

「MECE」は気にせず、「それ以外」に気をつけろ。

・階層構造の使い方①

階層構造を使いこなすコツの1つ目は、**MECEを気にしない**ことだ。意外に思われるだろう。思考のフレームワークを説明する教科書では、必ず「階層構造を使うときは、MECEに分類するよう気をつけなさい」と書かれているからだ。断言するが、教科書に書かれているこの言葉は間違っている。

「MECE（ミーシー、ミッシー）」という言葉を知らない方のために一応説明すると、英語で言う「Mutually Exclusive and Collectively Exhaustive」の頭文字をとったものである。直訳すれば「互いに排他的で包括的な集合」となる。わかりやすい日本語にすると「モレなくダブりなく」ということだ。

「モレなく」対象を列挙することで重大なヌケモレが発生するのを防げるし、「ダブりなく」分類することで、何度も同じことを考えなくてもすむという理屈だ。

いわゆるロジカルシンキングではいちばん基本的な考え方とされるMECEだが、私がMECEを否定する理由は単純で、**MECEの分類は難しすぎて誰にもできない**からである。

試しに、「動物」をMECEに（モレなくダブりなく）分類してみよう。

「動物と言えば、イヌとネコとカラスと……」と、順番に挙げていっても終わりそうにない。そこで、もう少し大きな分類にしてみよう。「哺乳類と鳥類と爬虫類と両生類と魚類！」ちょっとMECEっぽくなってきた。だが、これだとタコとかトンボはどこに分類されるのだろうか？ なにか不十分である。ところで、ミドリムシは動物に分類されるのだろうか？ 恐竜も動物だが、爬虫類なのか鳥類なのかどちらだろう？

このように簡単に見える「動物」ですらMECEに分類することは難しい。生物学者でないと無理だろうし、学者の中ですら意見が分かれる部分はあるだろう。そして難しいわりに、いま、目の前の問題解決には役立たないことが多い。考えているうちに本来の問題を忘れてしまうだけである。

もしあなたがペットショップのオーナーで、取り扱う動物のことを考えていたのだとしたら、苦労して恐竜までモレなく分類しても何の意味もない。

階層構造でのMECEは論理的には大切なのだが、実際は難しすぎて誰にも使えない。この問題は困ったことだが、実は非常にシンプルに解決できる。**「それ以外」という選択肢を付け足せばよい**のだ。

もしあなたがペットショップのオーナーでイヌとネコを取り扱っていたとして、イヌとネコ以外にも「それ以外」という選択肢があることは重要である。もしかして、「それ以外」のイグアナやモモンガなどを取り扱うことが、ビジネス上のブレイクスルーになるかもしれない。しかし、とりあえずイヌとネコを考えればよいのなら、「それ以外」のイグアナやモモンガは別に必要ない。

なので、とりあえずはイヌ、ネコの隣に「それ以外」を置いておこう。「それ以外」に何が含まれるかしばし考えてみてもいいし、もし後からモモンガやイグアナを思いついたらここに分類することができる。そして、必要があればモモンガやイグアナについてもっとしっかり考えればよい。必要なければ、イヌとネコについてだけ考えればよい。

素晴らしいのは、実際にモレなくダブりなく分類するのは非常に難しいにもかかわらず、この**「それ以外」を付け加えるだけで論理的にMECEが保証される**

階層構造の「それ以外」

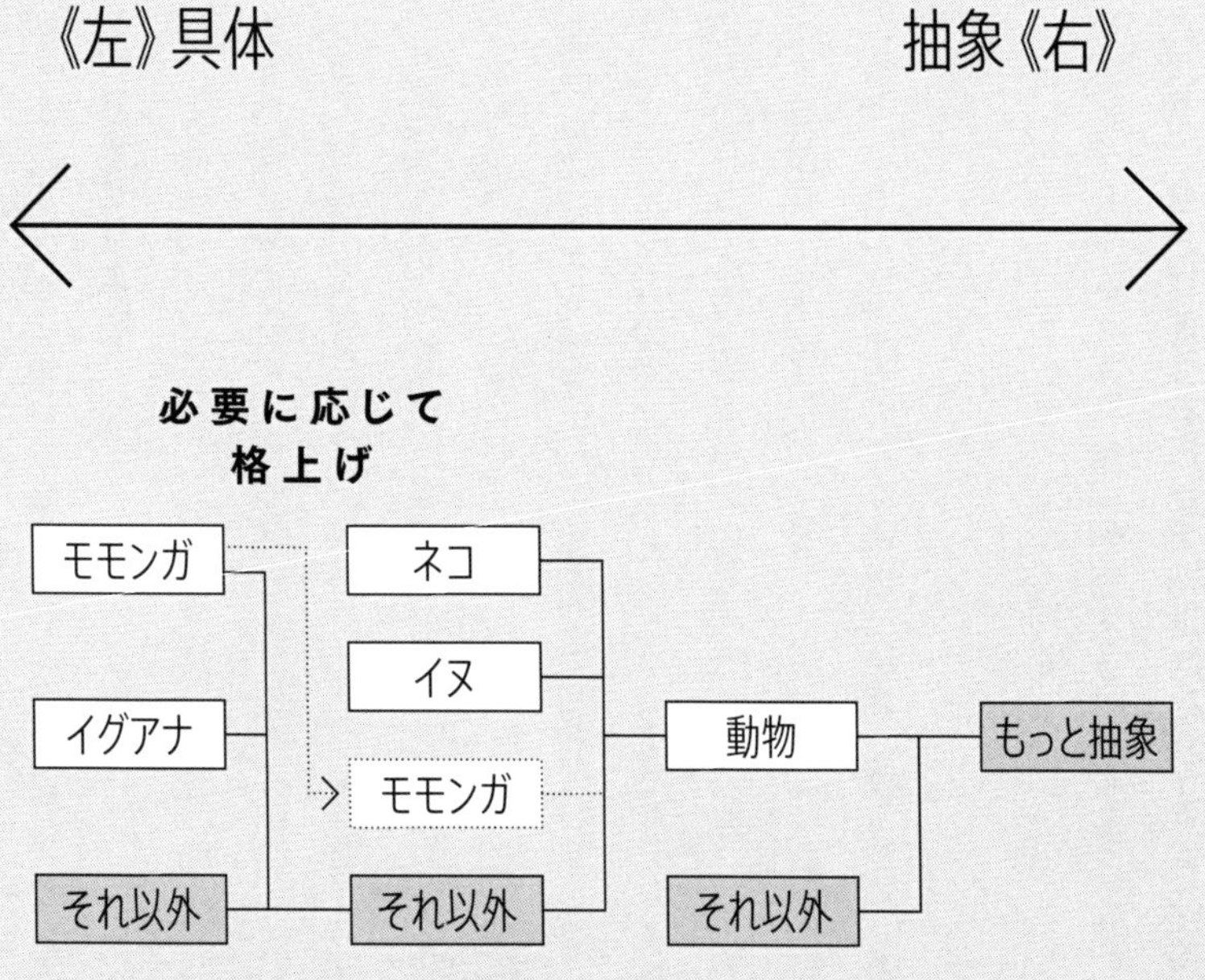
《左》具体
抽象《右》
必要に応じて
格上げ
モモンガ
イグアナ
それ以外
ネコ
イヌ
モモンガ
それ以外
動物
それ以外
もっと抽象

ことだ。

いままでなかったものが出てきたらここに分類すればよい。万が一「イヌかつネコ」のような判断に難しいものが出てきても、「それ以外」に分類すればよいだけだ。そして、もし「それ以外」の中に、考えるのに値する重要なものが含まれていたら、あらためてイヌ、ネコの隣に「モモンガ」のような項目を追加して格上げすればよい。

《左右》の余白が、思考を深める。

・階層構造の使い方②

階層構造を使いこなすコツの2つ目は、「余白」である。《右》にも《左》にも余白が欲しい。余白があると、自分の限界を破って具体化と抽象化ができる。

自分ではよく考えたつもりでも、実はまだもっと具体化や抽象化ができる。特に自分の苦手とする方向には、かなり意識しないと考えない。具体化したと思っても、まださらに具体化ができる。抽象化したと思っても、まださらに抽象化ができる。

頭のよさの要素の1つは、《右》と《左》の距離である。**《左右》に余白を作って意識的に余白に移動することで距離が延び、「頭がよくなる」**わけだ。

たとえば、「イヌ」を具体化する例として「チワワ」や「トイプードル」のように品種で分類することが考えられるが、他の質問で分類することもできる。4W1Hの質問を使ってみよう。

同じチワワでも、「いつ生まれたのか？（When）」「どこで生まれたのか？（Where）」「ブリーダーはだれか？（Who）」「好物はなにか？（What）」「体重は何キロか？（How）」という質問をすればいくらでも具体化できる。

《右》側にも余白があることは忘れられがちだ。ペットショップで取り扱う動物を考えているとき、普段は気づかないが、《右》側には、ペットショップの販売戦略や「そもそもなんで私はペットショップをやっていたのだっけ?」というような本質的な理由があるはずだ。ペットショップをしている本質的な理由や販売戦略と、いま考えていることは一致しているだろうか?

「階層構造」に似た思考フレームワークに、「マインドマップ」というものがある。マインドマップは、真ん中にテーマを書いた後、放射状に細部を延ばしていく。基本的に中心がいちばん抽象的な大事なことで、縁に行くほど細分化されて具体的になる。

つまり、マインドマップを使っても、この本で紹介しているように抽象と具体を行き来することができるわけだ。だから有用であるし、実際私もよく使っている。

ただし、マインドマップには弱点がある。それは、(当たり前だが)中心より内側には余白がない。つまり、**中心に書いたテーマより抽象方向には進めない**ということだ。

もしマインドマップを使うなら、中心から「目的」とか「つまり」という抽象方向に進む枝を出しておいたほうがよい。それで階層構造における《右》の余白に近い効果が得られる。

3種類の質問を駆使して、《左右》を自在に移動する。

・階層構造の使い方③

注意してもらいたいことがある。それは「階層構造のかっこいい図を完成させよう！」などと考えないことだ。階層構造のフレームワークを使う目的は、思考をスムーズにわかりやすくするためだ。そして、思考とは「具体と抽象の往復運動」のことであった。目的はあくまで「移動」である。

階層構造の図を広げるためには、3種類の質問をすればいい。

《右》に広げたければ、抽象化する質問をする。**「なぜ?」「要するに?」「つまり?」「まとめると?」「本当は?」「目的は?」「そもそも?」**という質問だ。

イヌとは要するに何なのだろう？　ネコとはそもそも何なのだろう？

ここで重要なのは、《右》にくるべき項目の正解は、いくつもあるということだ。「イヌとは要するに何ですか?」という質問に対し、「イヌとは要するに哺乳類です」というまとめ方をしたのが221ページで例に出した図だ。

しかし、質問を変えれば答えは変わるし、人によっても答えは違う。「イヌを飼う目的は何ですか?」と質問すると、「イヌを飼う目的は門番です」と答える人がいるだろう。「イヌとは本当は何ですか？」と質問すると、「イヌとは本当は家族です」と答える人もいるかもしれない。「イヌ」の《右》にくる項目は、「哺乳類」でも「門番」でも「家族」でもみな正解である。

《左》に広げたければ、具体化する質問をする。具体化する質問で使いやすいのは、やはり先に紹介した**「4W1H」「たとえば？」「TPO」**である。

《左》と《右》の他に、もう1つ使うと便利なのが**「並列」の質問**だ。「並列」の質問を使うと、抽象度を変えずに階層の中を広げることができる。

もっとも代表的な「並列」の質問は、**「他には？」**だ。

哺乳類には、イヌとネコの「他には？」何がいるだろうか？　サルとかゾウとかキリンがいる。「他には？」カバやトラやクジラもいる。このように、自分に「他には？」と質問することで、いままで考えていなかった事柄についても思考を広げることができる。重大なヌケやモレもなくすことができる。

《右》への質問、《左》への質問、そして「並列」の質問という3種類の質問を使うことで、階層構造の中を自由かつスムーズに移動することができる。そして、どこまでも思考を広げることができる。

このように、「階層構造」のフレームワークは、上手に使うと、簡単に具体と抽象の距離を延ばし、スピードを上げ、回数を増やす、非常に便利なツールなのである。

正義がぶつかり合うときは、次元を上げればいい。

・思考停止しないために①

《左》は低次元の世界で《右》は高次元の世界である。2次元の世界ではどうしても意見が一致しないこと（上司には四角に見え、あなたには丸に見えた）でも、3次元の世界に次元を上げると矛盾なく解決した。本当は円柱であって、あなたも上司も正しかったのだ。

このように、次元を上げて《右》に寄せることで解決できる対立は多い。アインシュタインはこう言っている。

「いかなる問題も、それが発生したのと同じ考えのレベルで解決することはできません」

2つの意見が対立すると、どうしても互いに「相手が間違っている」と思ってしまう。誰もが、自分が正しくて相手が悪いと信じている。あなたは、なんとか相手を論破しようと考えだすだろう。しかし、そのように意見が対立しているとき、間違っているのは相手ではない。無論あなたが間違っているわけでもない。

間違っているのは、いまいる次元だ。

考える次元を上げることで、自分と相手の意見を矛盾なく解消することができる。

とは言っても、ではどうやったら「次元を上げる」ことができるのだろうか？「次元を上昇させよう」と言い出すと、なにやら怪しげなスピリチュアルの香りがしてくる。

しかし、心配は不要だ。次元を上げるにはたった1つの質問をすればいい。それは、

「両方とも正しいとしたら？」

という質問だ。

たとえば、企業の存在する目的について論争がある。1つの意見は「企業の存在目的は利益の追求である」というものだ。これに対して、「いや違う。企業の存在目的は社会への価値提供である」という反論がある。

「利益追求派」はこう言う。

「お金がないと会社は存続しないじゃないか。あなたが働いている理由も、お金がもらえるからでしょう？　経済学の教科書にも、企業は利潤を最大化するように行動すると書いてありますよ」

一方、「価値提供派」はこう反論する。

「私はお金のために働いているんじゃない。お客様の笑顔のために働いています。利益しか見ない会社は、お客様に見放されてつぶれますよ！」

さて、どちらの意見が正しいのだろうか？　どちらかが間違っているかもしれないし、あるいは2人とも間違っているのかもしれない。しかし、ここで考えてほしいのは**「両方とも正しいとしたら？」**という質問である。

実際のところ、両方とも正しい。

お金がないと、従業員も経営者も給料がもらえず会社は存続しない。会社が存続しなければ社会に価値提供もできない。価値提供できない会社はお客がつかず、当然利益も出ない。

もしあなたが会社の経営者だとして、「利益しか考えない金の亡者」であったり「社会貢献しか言わない理想主義者」であるとしたら、次元の低い経営者だと言わざるを得ない。

会社の目的は「利益の追求」と「社会への価値提供」と、両方ある。もしあなたが高い次元で考えられる経営者なら、両方のことを同時に大事にして、「社会に与えた価値を、どうやってマネタイズしよう?」だとか「上がった利益を、何に投資するとお客様は喜ぶのだろうか?」だとか考えているはずなのだ。

これが「次元を上げる」例である。難しい物理の方程式や怪しげなスピリチュアルは必要ない。ただ、**自分の意見と相手の意見を同時に受け入れる愛があればいいだけ**である。

鳥の目は《右》の視点、

・思考停止しないために②

虫の目は《左》の視点。

「人間ならば誰にでも、現実のすべてが見えるわけではない。多くの人たちは、見たいと欲する現実しか見ていない」

ローマ帝国の礎を築いたユリウス・カエサルがこう言ったのは、いまから2000年以上前である。昔から、人間とは、自分の見たいものしか見ようとしない生物であるようだ。

私も、自分が見たいものしか見えていない。以前、体調を崩したときに内科のクリニックをあわてて探したのだが、それはなんと毎週通っているカフェの隣に見つかった。毎週クリニックの前を通っているにもかかわらず、それまでまったく気づいていなかったのだ。体調がいいときは、そこに存在していてもまったく目に入ってこない。体調が悪くなって、初めて病院が見えるようになった。

人間は、**現実を見ているつもりになっていても、自分の意識したものしか見ていない**のである。

人間の目だけでは不十分なので、見えていないものを見るために、他の動物の目を借りよう。借りるのは、**「鳥の目」と「虫の目」**だ。「鳥の目・虫の目」あるいは「鷹の目・蟻の目」という言葉は、比較的よく使われる表現である。鳥の目とは、上空から広い範囲を見る鳥のように、全体をマクロな視点で俯瞰することを指す。虫の目とは、反対に細部をミクロな視点で注視することを指す。

ここでは、「鳥の目・虫の目」にもう少し広い意味を持たせよう。

「鳥の目」とは、《右》の視点で物事を見る目である。全体的、長期的な視点を使うことだ。自分1人のことだけでなく、家族全体、会社全体、地域全体、国全体、さらには地球全体や宇宙全体について考えることだ。あるいは、今日1日でなく、1年単位、100年単位、さらには宇宙誕生から宇宙終焉まで時間軸を延ばすことだ。

「虫の目」とは、《左》の視点で物事を見る目である。現実的な細部を注視し、いまこの一瞬を大事にすることだ。

同じ「木」であっても、鳥から見ると森や山であるが、虫から見ると1本1本の葉脈である。同じ現実を見ていても、《右》の視点と《左》の視点では見え方が違うことがある。

あなたが今月、南の島にバカンスに行くつもりだとしよう。交通機関は、もちろん飛行機である。ところが、温室効果ガスによる地球温暖化により海面が上昇し、この島は100年後には水没してしまうと予想されている。あなたは、飛行機を使って二酸化炭素をたくさん排出してもよいのだろうか？

《左》の虫の視点に立ってみれば、今月の楽しいバカンスを取りやめる理由などない。むしろ、島が水没する前に訪れてしっかり楽しまなくてはならないぐらいだ。対して《右》の鳥の視点、つまりグローバルで長期的視点に立ってみれば地球温暖化は喫緊《きっきん》の課題である。二酸化炭素の排出は少しでも減らさないといけない。

さて、あなたは《左右》どちらの視点に立てばよいのだろうか？　空間的にも時間的にも視野が狭いと、100年単位の環境問題など忘れてしまう。そして、100年後に地球に重大な危機が訪れる可能性がある。しかし、だからといって旅行を取りやめたり、もっと言えば温暖化対策のために飛行機旅行を禁止したりすると、困る人が大勢でる。飛行機を禁止したら、この島の島民は100年を待たずして困窮するだろう。

《左》の視点では、大きなものを見失う。しかし、《右》の視点では目の前で困っている人を救えない。結局のところ、両方の視点をバランスよく使って「考える」しかないのだ。

人はどうしても、見たいものしか見ない。《左》が好きな人はどうしても《左》寄りの視点でものを見るし、《右》が好きな人はどうしても《右》の視点でものを見る。だから《左》の具体的なことが好きな人は鳥の力を借りてほしいし、《右》の抽象的なことが好きな人は虫の力を借りてみよう。それだけであなたの頭はよくなるわけだし、人類全体の頭もよくなるのだ。

おわりに――大切なこと。それは、具体と抽象の往復運動。

スクール（school：学校）、スカラー（scholar：学者）など、学問を表す英語は、ギリシャ語のスコレー（skholē：余暇、ひま）が語源と言われる。

古代ギリシャには奴隷制があり、生活に必要な労働は奴隷がするので主人はひまであった。生まれたひまをつぶすために、世界の起源や本質を考える学問「哲学」がはじまったのだ。やがてソクラテス、プラトン、アリストテレスたちが活躍し、現代につながる西洋文明の基礎を作った。

受験勉強に追われる現代の子どもたちには信じられないかもしれないが、学問のはじまりはひまつぶしであり、古代ギリシャのスマホゲームみたいなものだったのである。

この時代の学問は抽象的で実用性に乏しいものばかりだったが、ひまな貴族たちの心を魅了した。宇宙の本質を探ったり、自分の生まれてきた理由を考えても生活の役にはまったく立たないし、考えたところで確固たる答えにたどり着くこと自体がまれである。生産性のある行為ではない。それでも、考えること自体が楽しかったわけだ。

高校の授業で倫理の科目を勉強していた私も、古代ギリシャのひまな貴族と同じように、この世界に魅了された。いまにして思い返せば、これが本格的な《右》の世界との出会いである。「なぜ?」「本当に?」と問うこと自体が喜びであり、哲学者たちの秀逸な解答には感動した。《右》方向に思考することは、それだけで楽しいのだ。

哲学にはまった私は、大学では哲学科に進もうかとも考えたが、倫理の先生に本気で止められてやめた。いま考えても、まったくもって正しいアドバイスであった。

その後、抽象化が好きで得意な私は、抽象化を活かして大学に合格し、哲学科よりは実用的な理系の学部を卒業した。そして社会で働きはじめたのだが、ここでかなりの挫折を味わう。やはり、学校で学んだことは社会で役に立たないのだ。勉強はできても仕事ができるとは限らない。

サラリーマンとして大きな組織に所属しているときはまだましなのだが、特に独立をして自分自身が最前線で動かなければいけなくなってからは、「実行力」や「現場力」の不足に苦労した。いくら考えても、実行や現場につながらない。

これもいま思えば、私は「考える方向」を間違えていたのだ。いくら《右》に考えていても、《左》の答えは出てこない。具体化が必要なときに、いくら抽象化しても先に進まない。このとき決定的に私に不足していたのは、《左》への思考力であった。

《右》に行けば行くほど明らかになるのは、あなたの組織の存在意義、自分の生まれてきた理由、宇宙の本質などである。これらを知らずして生きるのはつまらないのではないかと私は思う。社会のリーダーになるには、《右》に行く力が必要である。長期的なビジョンを描き、全体を把握して、本当に解決すべき問題を設定する力である。

だがしかし、本当にあなたの人生を変え社会を変えるのは、具体的な、1つひとつの行動である。《左》に動かなければ、現実には何も起こらない。インプットはアウトプットのためにあるし、アウトプットは次のインプットにつながる。

「思考」について語る本には、「抽象化」の重要性を語るものが多い。実際、「考えていない」人の多くは、抽象化が不足しているのだろうとは感じる。

しかし、私が強調したいのは、「往復運動」の重要性である。思考は、抽象化だけでは完結しない。具体化されて初めて価値が世界に現れる。抽象的な難しいことだけ語っている人は、具体的なことしか興味がない人と同じくらい「頭が悪い」。

本書では、「思考とは、具体と抽象の往復運動である」と定義した。

ここで、一般的な「具体」と「抽象」の意味では足りないので、《右》と《左》と表現した。《右》とは、抽象的、概念的、本質的、高次元、長期的な方向である。《左》とは、具体的、五感的、実用的、低次元、短期的な方向である。

「具体」と「抽象」の間のなるべく長い距離を、素早く、何回も移動することが頭のいい思考であり、それは、少し意識すれば誰にでもできることである。

「思考」の定義と「頭のよさ」の定義に加えてもう1つ、「知性」についても定義しよう。

知性とは、理想と現実をつなぐ力である。

理想とは常に《右》側にあり、現実とは常に《左》側にある。理想と現実はなかなか一致しない。だから人は迷い、苦しみ、葛藤する。しかしあなたは、その理想と現実を行き来することができる。思考することができる。知性とは、目の前の現実から理想とする自分や社会を描き出す力であり、その理想を現実化する方法を探す力のことなのだ。あなたは、自分自身や社会に対し、どんな理想を描いているのだろうか？　そしてその理想をどのように実現しようとしているのだろうか？

抽象と具体をくり返すたび、あなたの理想が実現されることを願って。

一見まとまりのない雑多なピースも、適切な場所に置かれることで、そして他のピースとつながることで、大きく美しい一枚の絵を描き出す。バラバラのピースが全体を現していく過程は、苦労がありつつも楽しい。

これは、ジグソーパズルのことではない。
「思考」のことでもない。

一人の人間の人生も、適切な場所とつながるべき人々を探求する過程なのかもしれない。

大きく美しい一つの絵を描き出すための旅。

しかしヒトは、居場所を探して一つにつながり合おうとする一方で、個性的で唯一の特別な存在でありたいとも願い、それを表現する。かけがえのない、この宇宙でたった一人の存在なのだから。

何度も全体への回帰と個別への表現をくり返し、ヒトは生きている。そのくり返しが、宇宙に調和と多様性をもたらしているのだろう。


あなたの次の一歩は、どちらに向けるのだろうか?

読者特典

最後まで本書をお読みいただきありがとうございます。何度も強調したように、「思考」とは非常にシンプルなものです。なにしろ、思考には具体か抽象の２方向しか存在しないので、どちらかに動きさえすればいいのです。両方向に動くことができたら、それだけで相当「頭のいい人」になることができます。また、具体か抽象か、自分がどちらに向かっているのかを理解しないと、思考の迷路に迷い込んでしまい、「考える」ことがとても難しく感じられます。

本書を読んでくださった方の道案内になるように、２つの読者特典を用意しました。『賢さをつくる』特設サイトから読者登録をして、お受け取りください。読者登録をお待ちしています。

特典１　いますぐ、だれでも頭がよくなる「往復思考マップ」

具体化とは、つまり何？　抽象化は、たとえばどうすればよいの？　本書のいちばんおいしい部分だけを、１枚のマップにまとめました。具体化と抽象化の思考を実生活で活かすためのマップです。

特典２　思考を可視化する「階層構造実例集」

第５章で紹介した「階層構造」のフレームワークを、実際に使って考えるための実例集です。フレームワークで可視化すると、自分でも気づかなかったアイデアが明らかになります。

『賢さをつくる』特設サイト

https://kashikosa.info/

※読者特典は、特設サイトで
メールアドレスを登録していただければ、
Ｅメールでお送りします。

㈱日本教育政策研究所
代表取締役　谷川祐基

谷川祐基

たにかわ ゆうき

(株)日本教育政策研究所 代表取締役

1980年生まれ。愛知県立旭丘高校卒。
東京大学農学部緑地環境学専修卒。
小学校から独自の学習メソッドを構築し、
塾には一切通わずに高校3年生の秋から受験勉強をはじめて、
東京大学理科Ⅰ類に現役で合格する。

大学卒業後、5年間のサラリーマン生活を経て起業。
「自由な人生と十分な成果」を両立するための手助けをするべく、
企業コンサルティング、学習塾のカリキュラム開発を行い、
わかりやすさと成果の大きさから圧倒的な支持を受ける。
マリンスポーツ・インストラクターとしても活躍中。

著書に『賢者の勉強技術　短時間で成果を上げる
「楽しく学ぶ子」の育て方』(CCCメディアハウス)がある。

日本教育政策研究所　http://ksk-japan.net/

賢《かしこ》さをつくる

頭《あたま》はよくなる。よくなりたければ。

2020年1月6日　初　　　版
2023年9月8日　初版第4刷

著　　者　谷川祐基
発 行 者　菅沼博道
発 行 所　株式会社 ＣＣＣメディアハウス
〒141-8205 東京都品川区上大崎3丁目1番1号
電話 販売 049-293-9553　編集 03-5436-5735
http://books.cccmh.co.jp

デザイン　杉山健太郎
図版制作　八田さつき
校　　正　株式会社円水社
印刷・製本　株式会社ＫＰＳプロダクツ

©Yuki Tanikawa, 2020 Printed in Japan
ISBN978-4-484-19233-8
落丁・乱丁本はお取替えいたします。
無断複写・転載を禁じます。